T&P BOOKS

ÁRABE

VOCABULÁRIO

PALAVRAS MAIS ÚTEIS

PORTUGUÊS ÁRABE EGÍPCIO

Para alargar o seu léxico e apurar as suas competências linguísticas

3000 palavras

Vocabulário Português-Árabe Egípcio - 3000 palavras

Por Andrey Taranov

Os vocabulários da T&P Books destinam-se a ajudar a aprender, a memorizar, e a rever palavras estrangeiras. O dicionário é dividido em temas, cobrindo todas as principais esferas de atividades quotidianas, negócios, ciência, cultura, etc.

O processo de aprendizagem, utilizando os dicionários baseados em temáticas da T&P Books dá-lhe as seguintes vantagens:

- Informação de origem corretamente agrupada predetermina o sucesso em fases subsequentes da memorização de palavras
- Disponibilização de palavras derivadas da mesma raiz, o que permite a memorização de unidades de texto (em vez de palavras separadas)
- Pequenas unidades de palavras facilitam o processo de estabelecimento de vínculos associativos necessários para a consolidação do vocabulário
- O nível de conhecimento da língua pode ser estimado pelo número de palavras aprendidas

T&P Books Publishing
www.tpbooks.com

ISBN: 978-1-78716-777-3

Este livro também está disponível em formato E-book.
Por favor visite www.tpbooks.com ou as principais livrarias on-line.

VOCABULÁRIO ÁRABE EGÍPCIO
palavras mais úteis

Os vocabulários da T&P Books destinam-se a ajudar a aprender, a memorizar, e a rever palavras estrangeiras. O vocabulário contém mais de 3000 palavras de uso comum organizadas tematicamente.

O vocabulário contém as palavras mais comummente usadas
Recomendado como adicional para qualquer curso de línguas
Satisfaz as necessidades dos iniciados e dos alunos avançados de línguas estrangeiras
Conveniente para o uso diário, sessões de revisão e atividades de auto-teste
Permite avaliar o seu vocabulário

Características especias do vocabulário

- As palavras estão organizadas de acordo com o seu significado, e não por ordem alfabética
- As palavras são apresentadas em três colunas para facilitar os processos de revisão e auto-teste
- As palavras compostas são divididas em pequenos blocos para facilitar o processo de aprendizagem
- O vocabulário oferece uma transcrição simples e adequada de cada palavra estrangeira

O vocabulário contém 101 tópicos incluindo:

Conceitos básicos, Números, Cores, Meses, Estações do ano, Unidades de medida, Roupas & Acessórios, Alimentos & Nutrição, Restaurante, Membros da Família, Parentes, Caráter, Sentimentos, Emoções, Doenças, Cidade, Passeios, Compras, Dinheiro, Casa, Lar, Escritório, Trabalho no Escritório, Importação & Exportação, Marketing, Pesquisa de Emprego, Desportos, Educação, Computador, Internet, Ferramentas, Natureza, Países, Nacionalidades e muito mais ...

TABELA DE CONTEÚDOS

Guia de pronunciação 8
Abreviaturas 10

CONCEITOS BÁSICOS 11

1. Pronomes 11
2. Cumprimentos. Saudações 11
3. Questões 12
4. Preposições 12
5. Palavras funcionais. Advérbios. Parte 1 13
6. Palavras funcionais. Advérbios. Parte 2 14

NÚMEROS. DIVERSOS 16

7. Números cardinais. Parte 1 16
8. Números cardinais. Parte 2 17
9. Números ordinais 17

CORES. UNIDADES DE MEDIDA 18

10. Cores 18
11. Unidades de medida 18
12. Recipientes 19

VERBOS PRINCIPAIS 21

13. Os verbos mais importantes. Parte 1 21
14. Os verbos mais importantes. Parte 2 22
15. Os verbos mais importantes. Parte 3 23
16. Os verbos mais importantes. Parte 4 23

TEMPO. CALENDÁRIO 25

17. Dias da semana 25
18. Horas. Dia e noite 25
19. Meses. Estações 26

VIAGENS. HOTEL 28

20. Viagens 28
21. Hotel 28
22. Turismo 29

TRANSPORTES 31

23. Aeroporto 31
24. Avião 32
25. Comboio 33
26. Barco 34

CIDADE 36

27. Transportes urbanos 36
28. Cidade. Vida na cidade 37
29. Instituições urbanas 38
30. Sinais 39
31. Compras 40

VESTUÁRIO & ACESSÓRIOS 42

32. Roupa exterior. Casacos 42
33. Vestuário de homem & mulher 42
34. Vestuário. Roupa interior 43
35. Adereços de cabeça 43
36. Calçado 43
37. Acessórios pessoais 44
38. Vestuário. Diversos 44
39. Cuidados pessoais. Cosméticos 45
40. Relógios de pulso. Relógios 46

EXPERIÊNCIA DO QUOTIDIANO 47

41. Dinheiro 47
42. Correios. Serviço postal 48
43. Banca 48
44. Telefone. Conversação telefónica 49
45. Telefone móvel 50
46. Estacionário 50
47. Línguas estrangeiras 51

REFEIÇÕES. RESTAURANTE 53

48. Por a mesa 53
49. Restaurante 53
50. Refeições 53
51. Pratos cozinhados 54
52. Comida 55

53. Bebidas 57
54. Vegetais 58
55. Frutos. Nozes 58
56. Pão. Bolaria 59
57. Especiarias 60

INFORMAÇÃO PESSOAL. FAMÍLIA 61

58. Informação pessoal. Formulários 61
59. Membros da família. Parentes 61
60. Amigos. Colegas de trabalho 62

CORPO HUMANO. MEDICINA 64

61. Cabeça 64
62. Corpo humano 65
63. Doenças 65
64. Sintomas. Tratamentos. Parte 1 67
65. Sintomas. Tratamentos. Parte 2 68
66. Sintomas. Tratamentos. Parte 3 69
67. Medicina. Drogas. Acessórios 69

APARTAMENTO 71

68. Apartamento 71
69. Mobiliário. Interior 71
70. Quarto de dormir 72
71. Cozinha 72
72. Casa de banho 73
73. Eletrodomésticos 74

A TERRA. TEMPO 75

74. Espaço sideral 75
75. A Terra 76
76. Pontos cardeais 76
77. Mar. Oceano 77
78. Nomes de Mares e Oceanos 78
79. Montanhas 79
80. Nomes de montanhas 80
81. Rios 80
82. Nomes de rios 81
83. Floresta 81
84. Recursos naturais 82
85. Tempo 83
86. Tempo extremo. Catástrofes naturais 84

FAUNA 86

87. Mamíferos. Predadores 86
88. Animais selvagens 86

89. Animais domésticos 87
90. Pássaros 88
91. Peixes. Animais marinhos 90
92. Amfíbios. Répteis 90
93. Insetos 91

FLORA 92

94. Árvores 92
95. Arbustos 92
96. Frutos. Bagas 93
97. Flores. Plantas 94
98. Cereais, grãos 95

PAÍSES DO MUNDO 96

99. Países. Parte 1 96
100. Países. Parte 2 97
101. Países. Parte 3 98

GUIA DE PRONUNCIAÇÃO

Alfabeto fonético T&P	Exemplo Árabe Egípcio	Exemplo Português
[a]	[ṭaffa] طفّى	chamar
[ā]	[eχtār] إختار	rapaz
[e]	[setta] ستّة	metal
[i]	[minā'] ميناء	sinónimo
[ī]	[ebrīl] إبريل	cair
[o]	[oɣosṭos] أغسطس	lobo
[ō]	[ḥalazōn] حلزون	albatroz
[u]	[kalkutta] كلكتا	bonita
[ū]	[gamūs] جاموس	trabalho
[b]	[bedāya] بداية	barril
[d]	[sa'āda] سعادة	dentista
[ḍ]	[waḍ'] وضع	[d] faringealizaçãda
[ʒ]	[arʒantīn] الأرجنتين	talvez
[ẓ]	[ẓahar] ظهر	[z] faringealizaçãda
[f]	[χafīf] خفيف	safári
[g]	[bahga] بهجة	gosto
[h]	[ettegāh] إتّجاه	[h] aspirada
[ḥ]	[ḥabb] حبّ	[h] faringealizaçãda
[y]	[dahaby] ذهبي	géiser
[k]	[korsy] كرسي	kiwi
[l]	[lammaḥ] لمّح	libra
[m]	[marṣad] مرصد	magnólia
[n]	[ganūb] جنوب	natureza
[p]	[kaputʃino] كابتشينو	presente
[q]	[wasaq] وثق	teckel
[r]	[roḥe] روح	riscar
[s]	[soχreya] سخرية	sanita
[ṣ]	[me'ṣam] معصم	[s] faringealizaçãda
[ʃ]	['aʃā'] عشاء	mês
[t]	[tanūb] تنوب	tulipa
[ṭ]	[χarīṭa] خريطة	[t] faringealizaçãda
[θ]	[mamūθ] ماموث	[s] - fricativa dental surda não-sibilante
[v]	[vietnām] فيتنام	fava
[w]	[wadda'] ودّع	página web
[χ]	[baχīl] بخيل	fricativa uvular surda
[ɣ]	[etɣadda] إتغدّى	agora

Alfabeto fonético T&P	Exemplo Árabe Egípcio	Exemplo Português
[z]	[me'za] معزة	sésamo
['] (ayn)	[sab'a] سبعة	fricativa faríngea sonora
['] (hamza)	[sa'al] سأل	oclusiva glotal

ABREVIATURAS usadas no vocabulário

Abreviaturas do Árabe Egípcio

du	-	substantivo plural (duplo)
f	-	nome feminino
m	-	nome masculino
pl	-	plural

Abreviaturas do Português

adj	-	adjetivo
adv	-	advérbio
anim.	-	animado
conj.	-	conjunção
desp.	-	desporto
etc.	-	etecetra
ex.	-	por exemplo
f	-	nome feminino
f pl	-	feminino plural
fem.	-	feminino
inanim.	-	inanimado
m	-	nome masculino
m pl	-	masculino plural
m, f	-	masculino, feminino
masc.	-	masculino
mat.	-	matemática
mil.	-	militar
pl	-	plural
prep.	-	preposição
pron.	-	pronome
sb.	-	sobre
sing.	-	singular
v aux	-	verbo auxiliar
vi	-	verbo intransitivo
vi, vt	-	verbo intransitivo, transitivo
vr	-	verbo reflexivo
vt	-	verbo transitivo

CONCEITOS BÁSICOS

1. Pronomes

eu	ana	أنا
tu (masc.)	enta	أنت
tu (fem.)	enty	أنت
ele	howwa	هوّ
ela	hiya	هيّ
nós	eḥna	إحنا
vocês	antom	أنتم
eles, elas	hamm	همّ

2. Cumprimentos. Saudações

Bom dia! (formal)	assalamu ʿalaykum!	السلام عليكم!
Bom dia! (de manhã)	ṣabāḥ el χeyr!	صباح الخير!
Boa tarde!	neharak saʿīd!	نهارك سعيد!
Boa noite!	masāʾ el χeyr!	مساء الخير!
cumprimentar (vt)	sallem	سلّم
Olá!	ahlan!	أهلاً!
saudação (f)	salām (m)	سلام
saudar (vt)	sallem ʿala	سلّم على
Como vai?	ezzayek?	ازّيك؟
O que há de novo?	aχbārak eyh?	أخبارك ايه؟
Até à vista!	maʿ el salāma!	مع السلامة!
Até breve!	aʃūfak orayeb!	أشوفك قريب!
Adeus!	maʿ el salāma!	مع السلامة!
despedir-se (vr)	waddaʿ	ودّع
Até logo!	bay bay!	باي باي!
Obrigado! -a!	ʃokran!	شكراً!
Muito obrigado! -a!	ʃokran geddan!	شكراً جداً!
De nada	el ʿafw	العفو
Não tem de quê	la ʃokr ʿala wāgeb	لا شكر على واجب
De nada	el ʿafw	العفو
Desculpa!	ʿan eznak!	عن إذنك!
Desculpe!	baʿd ezn ḥadretak!	بعد إذن حضرتك!
desculpar (vt)	ʿazar	عذر
desculpar-se (vr)	eʿtazar	أعتذر
As minhas desculpas	ana ʾāsef	أنا آسف
Desculpe!	ana ʾāsef!	أنا آسف!

perdoar (vt)	ʿafa	عفا
por favor	men faḍlak	من فضلك
Não se esqueça!	ma tensāʃ!	ما تنساش!
Certamente! Claro!	ṭabʿan!	طبعاً!
Claro que não!	laʾ ṭabʿan!	لأ طبعاً!
Está bem! De acordo!	ettafaʾna!	إتّفقنا!
Basta!	kefāya!	كفاية!

3. Questões

Quem?	mīn?	مين؟
Que?	eyh?	ايه؟
Onde?	feyn?	فين؟
Para onde?	feyn?	فين؟
De onde?	meneyn?	منين؟
Quando?	emta	امتى؟
Para quê?	ʿaʃān eyh?	عشان ايه؟
Porquê?	leyh?	ليه؟
Para quê?	l eyh?	لـ ليه؟
Como?	ezāy?	إزاي؟
Qual?	eyh?	ايه؟
Qual? (entre dois ou mais)	ayī?	أيّ؟
A quem?	le mīn?	لمين؟
Sobre quem?	ʿan mīn?	عن مين؟
Do quê?	ʿan eyh?	عن ايه؟
Com quem?	maʿ mīn?	مع مين؟
Quanto, -os, -as?	kām?	كام؟
De quem? (masc.)	betāʿet mīn?	بتاعت مين؟

4. Preposições

com (prep.)	maʿ	مع
sem (prep.)	men ɣeyr	من غير
a, para (exprime lugar)	ela	إلى
sobre (ex. falar ~)	ʿan	عن
antes de …	ʾabl	قبل
diante de …	ʾoddām	قدّام
sob (debaixo de)	taḥt	تحت
sobre (em cima de)	foʾe	فوق
sobre (~ a mesa)	ʿala	على
de (vir ~ Lisboa)	men	من
de (feito ~ pedra)	men	من
dentro de (~ dez minutos)	baʿd	بعد
por cima de …	men ʿala	من على

5. Palavras funcionais. Advérbios. Parte 1

Onde?	feyn?	فين؟
aqui	hena	هنا
lá, ali	henāk	هناك
em algum lugar	fe makānen ma	في مكان ما
em lugar nenhum	meʃ fi ayī makān	مش في أيّ مكان
ao pé de …	ganb	جنب
ao pé da janela	ganb el ʃebbāk	جنب الشبّاك
Para onde?	feyn?	فين؟
para cá	hena	هنا
para lá	henāk	هناك
daqui	men hena	من هنا
de lá, dali	men henāk	من هناك
perto	ʾarīb	قريب
longe	beʿīd	بعيد
perto de …	ʿand	عند
ao lado de	ʾarīb	قريب
perto, não fica longe	meʃ beʿīd	مش بعيد
esquerdo	el ʃemāl	الشمال
à esquerda	ʿalal ʃemāl	على الشمال
para esquorda	lel ʃemāl	للشمال
direito	el yemīn	اليمين
à direita	ʿalal yemīn	على اليمين
para direita	lel yemīn	لليمين
à frente	ʾoddām	قدّام
da frente	amāmy	أمامي
em frente (para a frente)	ela el amām	إلى الأمام
atrás de …	waraʾ	وراء
por detrás (vir ~)	men wara	من ورّا
para trás	le wara	لورّا
meio (m), metade (f)	wasaṭ (m)	وسط
no meio	fel wasat	في الوسط
de lado	ʿala ganb	على جنب
em todo lugar	fe kol makān	في كل مكان
ao redor (olhar ~)	ḥawaleyn	حوالين
de dentro	men gowwah	من جوّه
para algum lugar	le ʾayī makān	لأي مكان
diretamente	ʿala ṭūl	على طول
de volta	rogūʿ	رجوع
de algum lugar	men ayī makān	من أيّ مكان
de um lugar	men makānen mā	من مكان ما

em primeiro lugar	awwalan	أوّلاً
em segundo lugar	sāneyan	ثانياً
em terceiro lugar	sālesan	ثالثاً
de repente	fag'a	فجأة
no início	fel bedāya	في البداية
pela primeira vez	le 'awwel marra	لأوّل مرّة
muito antes de ...	'abl ... be modda ṭawīla	قبل... بمدة طويلة
de novo, novamente	men gedīd	من جديد
para sempre	lel abad	للأبد
nunca	abadan	أبداً
de novo	tāny	تاني
agora	delwa'ty	دلوقتي
frequentemente	ketīr	كثير
então	wa'taha	وقتها
urgentemente	'ala ṭūl	على طول
usualmente	'ādatan	عادةً
a propósito, ...	'ala fekra ...	على فكرة...
é possível	momken	ممكن
provavelmente	momken	ممكن
talvez	momken	ممكن
além disso, ...	bel eḍāfa ela ...	بالإضافة إلى...
por isso ...	'aʃān keda	عشان كده
apesar de ...	bel raɣm men ...	بالرغم من...
graças a ...	be faḍl ...	بفضل...
que (pron.)	elly	إللي
que (conj.)	ennu	إنّه
algo	ḥāga (f)	حاجة
alguma coisa	ayī ḥāga (f)	أيّ حاجة
nada	wala ḥāga	ولا حاجة
quem	elly	إللي
alguém (~ teve uma ideia ...)	ḥadd	حدّ
alguém	ḥadd	حدّ
ninguém	wala ḥadd	ولا حدّ
para lugar nenhum	meʃ le wala makān	مش لـ ولا مكان
de ninguém	wala ḥadd	ولا حدّ
de alguém	le ḥadd	لحدّ
tão	geddan	جداً
também (gostaria ~ de ...)	kamān	كمان
também (~ eu)	kamān	كمان

6. Palavras funcionais. Advérbios. Parte 2

Porquê?	leyh?	ليه؟
por alguma razão	le sabeben ma	لسبب ما
porque ...	'aʃān ...	عشان ...
por qualquer razão	le hadafen mā	لهدف ما
e (tu ~ eu)	w	و

ou (ser ~ não ser)	walla	ولّلا
mas (porém)	bass	بسّ
para (~ a minha mãe)	'aʃān	عشان
demasiado, muito	ketīr geddan	كتير جدّاً
só, somente	bass	بسّ
exatamente	bel ḍabṭ	بالضبط
cerca de (~ 10 kg)	naḥw	نحو
aproximadamente	naḥw	نحو
aproximado	taqrīby	تقريبي
quase	ta'rīban	تقريباً
resto (m)	el bā'y (m)	الباقي
cada	koll	كلّ
qualquer	ayī	أيّ
muito	ketīr	كتير
muitas pessoas	nās ketīr	ناس كتير
todos	koll el nās	كلّ الناس
em troca de ...	fi moqābel ...	... في مقابل
em troca	fe moqābel	في مقابل
à mão	bel yad	باليد
pouco provável	bel kād	بالكاد
provavelmente	momken	ممكن
de propósito	bel 'aṣd	بالقصد
por acidente	bel ṣodfa	بالصدفة
muito	'awy	قويّ
por exemplo	masalan	مثلاً
entre	beyn	بين
entre (no meio de)	wesṭ	وسط
tanto	ketīr	كتير
especialmente	χāṣṣa	خاصّة

NÚMEROS. DIVERSOS

7. Números cardinais. Parte 1

zero	ṣefr	صفر
um	wāḥed	واحد
uma	waḥda	واحدة
dois	etneyn	إتنين
três	talāta	ثلاثة
quatro	arba'a	أربعة
cinco	χamsa	خمسة
seis	setta	ستّة
sete	sab'a	سبعة
oito	tamanya	ثمانية
nove	tes'a	تسعة
dez	'aʃara	عشرة
onze	ḥedāʃar	حداشر
doze	etnāʃar	إتناشر
treze	talattāʃar	تلاتّاشر
catorze	arba'tāʃer	أربعتاشر
quinze	χamastāʃer	خمستاشر
dezasseis	settāʃar	ستّاشر
dezassete	saba'tāʃar	سبعتاشر
dezoito	tamantāʃar	تمنتاشر
dezanove	tes'atāʃar	تسعتاشر
vinte	'eʃrīn	عشرين
vinte e um	wāḥed we 'eʃrīn	واحد وعشرين
vinte e dois	etneyn we 'eʃrīn	إتنين وعشرين
vinte e três	talāta we 'eʃrīn	ثلاثة وعشرين
trinta	talatīn	ثلاثين
trinta e um	wāḥed we talatīn	واحد وتلاتين
trinta e dois	etneyn we talatīn	إتنين وتلاتين
trinta e três	talāta we talatīn	ثلاثة وثلاثين
quarenta	arbe'īn	أربعين
quarenta e um	wāḥed we arbe'īn	واحد وأربعين
quarenta e dois	etneyn we arbe'īn	إتنين وأربعين
quarenta e três	talāta we arbe'īn	ثلاثة وأربعين
cinquenta	χamsīn	خمسين
cinquenta e um	wāḥed we χamsīn	واحد وخمسين
cinquenta e dois	etneyn we χamsīn	إتنين وخمسين
cinquenta e três	talāta we χamsīn	ثلاثة وخمسين
sessenta	settīn	ستّين
sessenta e um	wāḥed we settīn	واحد وستّين

sessenta e dois	etneyn we settīn	إتنين وستّين
sessenta e três	talāta we settīn	ثلاثة وستّين
setenta	sab'īn	سبعين
setenta e um	wāḥed we sab'īn	واحد وسبعين
setenta e dois	etneyn we sab'īn	إتنين وسبعين
setenta e três	talāta we sab'īn	ثلاثة وسبعين
oitenta	tamanīn	ثمانين
oitenta e um	wāḥed we tamanīn	واحد وتمانين
oitenta e dois	etneyn we tamanīn	إتنين وتمانين
oitenta e três	talāta we tamanīn	ثلاثة وثمانين
noventa	tes'īn	تسعين
noventa e um	wāḥed we tes'īn	واحد وتسعين
noventa e dois	etneyn we tes'īn	إتنين وتسعين
noventa e três	talāta we tes'īn	ثلاثة وتسعين

8. Números cardinais. Parte 2

cem	miya	ميّة
duzentos	meteyn	ميتين
trezentos	toltomiya	تلتميّة
quatrocentos	rob'omiya	ربعميّة
quinhentos	χomsomiya	خمسميّة
seiscentos	sotomiya	ستميّة
setecentos	sob'omiya	سبعميّة
oitocentos	tomnome'a	ثمنمئة
novecentos	tos'omiya	تسعميّة
mil	alf	ألف
dois mil	alfeyn	ألفين
De quem são ...?	talat 'ālāf	ثلاث آلاف
dez mil	'aʃaret 'ālāf	عشرة آلاف
cem mil	mīt alf	ميت ألف
um milhão	millyon (m)	مليون
mil milhões	millyār (m)	مليار

9. Números ordinais

primeiro	awwel	أوّل
segundo	tāny	ثاني
terceiro	tālet	ثالث
quarto	rābe'	رابع
quinto	χāmes	خامس
sexto	sādes	سادس
sétimo	sābe'	سابع
oitavo	tāmen	ثامن
nono	tāse'	تاسع
décimo	'āʃer	عاشر

CORES. UNIDADES DE MEDIDA

10. Cores

cor (f)	lone (m)	لون
matiz (m)	daraget el lōn (m)	درجة اللون
tom (m)	ṣabɣet lōn (f)	صبغة اللون
arco-íris (m)	qose qozaḥ (m)	قوس قزح
branco	abyaḍ	أبيض
preto	aswad	أسود
cinzento	romādy	رمادي
verde	axḍar	أخضر
amarelo	aṣfar	أصفر
vermelho	aḥmar	أحمر
azul	azra'	أزرق
azul claro	azra' fāteḥ	أزرق فاتح
rosa	wardy	وردي
laranja	bortoqāly	برتقاليّ
violeta	banaffsegy	بنفّسجي
castanho	bonny	بنّي
dourado	dahaby	ذهبي
prateado	feḍḍy	فضّي
bege	bɛ:ʒ	بيج
creme	'āgy	عاجيّ
turquesa	fayrūzy	فيروزي
vermelho cereja	aḥmar karazy	أحمر كرزي
lilás	laylaky	ليّلكي
carmesim	qormozy	قرمزي
claro	fāteḥ	فاتح
escuro	ɣāme'	غامق
vivo	zāhy	زاهي
de cor	melawwen	ملوّن
a cores	melawwen	ملوّن
preto e branco	abyaḍ we aswad	أبيض وأسوّد
unicolor	sāda	سادة
multicor	mota'added el alwān	متعدّد الألوان

11. Unidades de medida

peso (m)	wazn (m)	وزن
comprimento (m)	ṭūl (m)	طول

largura (f)	ʿarḍ (m)	عرض
altura (f)	ertefāʿ (m)	إرتفاع
profundidade (f)	ʿomq (m)	عمق
volume (m)	ḥagm (m)	حجم
área (f)	mesāḥa (f)	مساحة
grama (m)	gram (m)	جرام
miligrama (m)	milligrām (m)	مليغرام
quilograma (m)	kilogrām (m)	كيلوغرام
tonelada (f)	ṭenn (m)	طنّ
libra (453,6 gramas)	reṭl (m)	رطل
onça (f)	onṣa (f)	أونصة
metro (m)	metr (m)	متر
milímetro (m)	millimetr (m)	مليمتر
centímetro (m)	santimetr (m)	سنتيمتر
quilómetro (m)	kilometr (m)	كيلومتر
milha (f)	mīl (m)	ميل
polegada (f)	boṣa (f)	بوصة
pé (304,74 mm)	ʾadam (m)	قدم
jarda (914,383 mm)	yarda (f)	ياردة
metro (m) quadrado	metr morabbaʿ (m)	متر مربّع
hectare (m)	hektār (m)	هكتار
litro (m)	litre (m)	لتر
grau (m)	daraga (f)	درجة
volt (m)	volt (m)	فولت
ampere (m)	ambere (m)	أمبير
cavalo-vapor (m)	ḥoṣān (m)	حصان
quantidade (f)	kemiya (f)	كميّة
um pouco de ...	ʃewayet ...	شويّة...
metade (f)	noṣṣ (m)	نصّ
dúzia (f)	desta (f)	دستة
peça (f)	waḥda (f)	وحدة
dimensão (f)	ḥagm (m)	حجم
escala (f)	meʾyās (m)	مقياس
mínimo	el adna	الأدنى
menor, mais pequeno	el aṣɣar	الأصغر
médio	motawasseṭ	متوّسط
máximo	el aqṣa	الأقصى
maior, mais grande	el akbar	الأكبر

12. Recipientes

boião (m) de vidro	barṭamān (m)	برطمان
lata (~ de cerveja)	kanz (m)	كانز
balde (m)	gardal (m)	جردل
barril (m)	barmīl (m)	برميل
bacia (~ de plástico)	ḥoḍe lel ɣasīl (m)	حوض للغسيل

tanque (m)	xazzān (m)	خزّان
cantil (m) de bolso	zamzamiya (f)	زمزميّة
bidão (m) de gasolina	ʒerken (m)	جركن
cisterna (f)	xazzān (m)	خزّان
caneca (f)	mugg (m)	ماجّ
chávena (f)	fengān (m)	فنجان
pires (m)	ṭaba' fengān (m)	طبق فنجان
copo (m)	kobbāya (f)	كوبّاية
taça (f) de vinho	kāsa (f)	كاسة
panela, caçarola (f)	ḥalla (f)	حلّة
garrafa (f)	ezāza (f)	إزازة
gargalo (m)	ʿonq (m)	عنق
jarro, garrafa (f)	dawra' zogāgy (m)	دورّق زجاجي
jarro (m) de barro	ebrī' (m)	إبريق
recipiente (m)	weʿā' (m)	وعاء
pote (m)	aṣīṣ (m)	أصيص
vaso (m)	vāza (f)	فازة
frasco (~ de perfume)	ezāza (f)	إزازة
frasquinho (ex. ~ de iodo)	ezāza (f)	إزازة
tubo (~ de pasta dentífrica)	anbūba (f)	أنبوبة
saca (ex. ~ de açúcar)	kīs (m)	كيس
saco (~ de plástico)	kīs (m)	كيس
maço (m)	ʿelba (f)	علبة
caixa (~ de sapatos, etc.)	ʿelba (f)	علبة
caixa (~ de madeira)	ṣandū' (m)	صندوق
cesta (f)	salla (f)	سلّة

VERBOS PRINCIPAIS

13. Os verbos mais importantes. Parte 1

abrir (vt)	fataḥ	فتح
acabar, terminar (vt)	xallaṣ	خلّص
aconselhar (vt)	naṣaḥ	نصح
adivinhar (vt)	xammen	خمّن
advertir (vt)	ḥazzar	حذّر
ajudar (vt)	sā'ed	ساعد
almoçar (vi)	etɣadda	إتغدّى
alugar (~ um apartamento)	est'gar	إستأجر
amar (vt)	ḥabb	حبّ
ameaçar (vt)	hadded	هدّد
anotar (escrever)	katab	كتب
apanhar (vt)	mesek	مسك
apressar-se (vr)	esta'gel	إستعجل
arrepender-se (vr)	nedem	ندم
assinar (vt)	waqqa'	وقّع
atirar, disparar (vi)	ḍarab bel nār	ضرب بالنار
brincar (vi)	hazzar	هزّر
brincar, jogar (crianças)	le'eb	لعب
buscar (vt)	dawwar 'ala	دوّر على
caçar (vi)	eṣṭād	اصطاد
cair (vi)	we'e'	وقع
cavar (vt)	ḥafar	حفر
cessar (vt)	baṭṭal	بطّل
chamar (~ por socorro)	estaɣās	إستغاث
chegar (vi)	weṣel	وصل
chorar (vi)	baka	بكى
começar (vt)	bada'	بدأ
comparar (vt)	qāran	قارن
compreender (vt)	fehem	فهم
concordar (vi)	ettafa'	إتّفق
confiar (vt)	wasaq	وثق
confundir (equivocar-se)	etlaxbaṭ	إتلخبط
conhecer (vt)	'eref	عرف
contar (fazer contas)	'add	عدّ
contar com (esperar)	e'tamad 'ala …	إعتمد على...
continuar (vt)	wāṣel	واصل
controlar (vt)	et-ḥakkem	إتحكّم
convidar (vt)	'azam	عزم
correr (vi)	gery	جري

criar (vt)	ʿamal	عمل
custar (vt)	kallef	كلّف

14. Os verbos mais importantes. Parte 2

dar (vt)	edda	إدّى
dar uma dica	edda lamḥa	إدّى لمحة
decorar (enfeitar)	zayen	زيّن
defender (vt)	dāfaʿ	دافع
deixar cair (vt)	waʾʾaʿ	وقّع
descer (para baixo)	nezel	نزل
desculpar-se (vr)	eʿtazar	إعتذر
dirigir (~ uma empresa)	adār	أدار
discutir (notícias, etc.)	nāʾeʃ	ناقش
dizer (vt)	ʾāl	قال
duvidar (vt)	ʃakk fe	شكّ في
encontrar (achar)	laʾa	لقى
enganar (vt)	χadaʿ	خدع
entrar (na sala, etc.)	daχal	دخل
enviar (uma carta)	arsal	أرسل
errar (equivocar-se)	ɣeleṭ	غلط
escolher (vt)	eχtār	إختار
esconder (vt)	χabba	خبّأ
escrever (vt)	katab	كتب
esperar (o autocarro, etc.)	estanna	إستنّى
esperar (ter esperança)	tamanna	تمنّى
esquecer (vt)	nesy	نسي
estudar (vt)	daras	درس
exigir (vt)	ṭāleb	طالب
existir (vi)	kān mawgūd	كان موّجود
explicar (vt)	ʃaraḥ	شرح
falar (vi)	kallem	كلّم
faltar (clases, etc.)	ɣāb	غاب
fazer (vt)	ʿamal	عمل
ficar em silêncio	seket	سكت
gabar-se, jactar-se (vr)	tabāha	تباهى
gostar (apreciar)	ʿagab	عجب
gritar (vi)	ṣarraχ	صرّخ
guardar (cartas, etc.)	ḥafaẓ	حفظ
informar (vt)	ʾāl ly	قال لي
insistir (vi)	aṣarr	أصرّ
insultar (vt)	ahān	أهان
interessar-se (vr)	ehtamm be	إهتمّ بـ
ir (a pé)	meʃy	مشى
ir nadar	sebeḥ	سبح
jantar (vi)	etʿasʃa	إتعشّى

15. Os verbos mais importantes. Parte 3

ler (vt)	ʾara	قرأ
libertar (cidade, etc.)	ḥarrar	حرّر
matar (vt)	ʾatal	قتل
mencionar (vt)	zakar	ذكر
mostrar (vt)	warra	ورّى
mudar (modificar)	ɣayar	غيّر
nadar (vi)	ʿām	عام
negar-se a …	rafaḍ	رفض
objetar (vt)	eʿtaraḍ	إعترض
ordenar (mil.)	amar	أمر
ouvir (vt)	semeʿ	سمع
pagar (vt)	dafaʿ	دفع
parar (vi)	waʾʾaf	وقّف
participar (vi)	ʃārek	شارك
pedir (comida)	ṭalab	طلب
pedir (um favor, etc.)	ṭalab	طلب
pegar (tomar)	aχad	أخد
pensar (vt)	fakkar	فكّر
perceber (ver)	lāḥaẓ	لاحظ
perdoar (vt)	ʿafa	عفا
perguntar (vt)	saʾal	سأل
permitir (vt)	samaḥ	سمح
pertencer a …	χaṣṣ	خصّ
planear (vt)	χaṭṭeṭ	خطّط
poder (vi)	ʾeder	قدر
possuir (vt)	malak	ملك
preferir (vt)	faḍḍal	فضّل
preparar (vt)	ḥaḍḍar	حضّر
prever (vt)	tanabbaʾ	تنبّأ
prometer (vt)	waʿad	وعد
pronunciar (vt)	naṭaʾ	نطق
propor (vt)	ʿaraḍ	عرض
punir (castigar)	ʿāqab	عاقب

16. Os verbos mais importantes. Parte 4

quebrar (vt)	kasar	كسر
queixar-se (vr)	ʃaka	شكا
querer (desejar)	ʿāyez	عايز
recomendar (vt)	naṣaḥ	نصح
repetir (dizer outra vez)	karrar	كرّر
repreender (vt)	wabbeχ	وبّخ
reservar (~ um quarto)	ḥagaz	حجز
responder (vt)	gāwab	جاوب

rezar, orar (vi)	ṣalla	صلّى
rir (vi)	ḍeḥek	ضحك
roubar (vt)	sara'	سرق
saber (vt)	'eref	عرف
sair (~ de casa)	χarag	خرج
salvar (vt)	anqaz	أنقذ
seguir ...	tatabba'	تتبّع
sentar-se (vr)	'a'ad	قعد
ser necessário	maṭlūb	مطلوب
ser, estar	kān	كان
significar (vt)	'aṣad	قصد
sorrir (vi)	ebtasam	إبتسم
subestimar (vt)	estaχaff	إستخفّ
surpreender-se (vr)	etfāge'	إتفاجئ
tentar (vt)	ḥāwel	حاول
ter (vt)	malak	ملك
ter fome	'āyez 'ākol	عايز آكل
ter medo	χāf	خاف
ter sede	'āyez aʃrab	عايز أشرب
tocar (com as mãos)	lamas	لمس
tomar o pequeno-almoço	feṭer	فطر
trabalhar (vi)	eʃtaɣal	إشتغل
traduzir (vt)	targem	ترجم
unir (vt)	waḥḥed	وحّد
vender (vt)	bā'	باع
ver (vt)	ʃāf	شاف
virar (ex. ~ à direita)	ḥād	حاد
voar (vi)	ṭār	طار

TEMPO. CALENDÁRIO

17. Dias da semana

segunda-feira (f)	el etneyn (m)	الإتنين
terça-feira (f)	el talāt (m)	التلات
quarta-feira (f)	el arbe'ā' (m)	الأربعاء
quinta-feira (f)	el χamīs (m)	الخميس
sexta-feira (f)	el gom'a (m)	الجمعة
sábado (m)	el sabt (m)	السبت
domingo (m)	el aḥad (m)	الأحد
hoje	el naharda	النهارده
amanhã	bokra	بكرة
depois de amanhã	ba'd bokra (m)	بعد بكرة
ontem	embāreḥ	امبارح
anteontem	awwel embāreḥ	أوّل امبارح
dia (m)	yome (m)	يوم
dia (m) de trabalho	yome 'amal (m)	يوم عمل
feriado (m)	agāza rasmiya (f)	أجازة رسميّة
dia (m) de folga	yome el agāza (m)	يوم أجازة
fim (m) de semana	nehāyet el osbū' (f)	نهاية الأسبوع
o dia todo	ṭūl el yome	طول اليوم
no dia seguinte	fel yome elly ba'dīh	في اليوم اللي بعديه
há dois dias	men yomeyn	من يومين
na véspera	fel yome elly 'ablo	في اليوم اللي قبله
diário	yawmy	يومي
todos os dias	yawmiyan	يومياً
semana (f)	osbū' (m)	أسبوع
na semana passada	el esbū' elly fāt	الأسبوع اللي فات
na próxima semana	el esbū' elly gayī	الأسبوع اللي جاي
semanal	osbū'y	أسبوعي
cada semana	osbū'iyan	أسبوعياً
duas vezes por semana	marreteyn fel osbū'	مرّتين في الأسبوع
cada terça-feira	koll solasā'	كلّ ثلاثاء

18. Horas. Dia e noite

manhã (f)	ṣobḥ (m)	صبح
de manhã	fel ṣobḥ	في الصبح
meio-dia (m)	ẓohr (m)	ظهر
à tarde	ba'd el ḍohr	بعد الظهر
noite (f)	leyl (m)	ليل
à noite (noitinha)	bel leyl	بالليل

noite (f)	leyl (m)	ليل
à noite	bel leyl	بالليل
meia-noite (f)	noṣṣ el leyl (m)	نصّ الليل
segundo (m)	sanya (f)	ثانية
minuto (m)	deˀʾa (f)	دقيقة
hora (f)	sāʿa (f)	ساعة
meia hora (f)	noṣṣ sāʿa (m)	نصّ ساعة
quarto (m) de hora	robʿ sāʿa (f)	ربع ساعة
quinze minutos	χamastāʃer deˀʾa	خمستاشر دقيقة
vinte e quatro horas	arbaʿa we ʿeʃrīn sāʿa	أربعة وعشرين ساعة
nascer (m) do sol	ʃorūˀ el ʃams (m)	شروق الشمس
amanhecer (m)	fagr (m)	فجر
madrugada (f)	ṣobḥ badry (m)	صبح بدري
pôr do sol (m)	ɣorūb el ʃams (m)	غروب الشمس
de madrugada	el ṣobḥ badry	الصبح بدري
hoje de manhã	el naharda el ṣobḥ	النهاردة الصبح
amanhã de manhã	bokra el ṣobḥ	بكرة الصبح
hoje à tarde	el naharda baʿd el ḍohr	النهاردة بعد الظهر
à tarde	baʿd el ḍohr	بعد الظهر
amanhã à tarde	bokra baʿd el ḍohr	بكرة بعد الظهر
hoje à noite	el naharda bel leyl	النهاردة بالليل
amanhã à noite	bokra bel leyl	بكرة بالليل
às três horas em ponto	es sāʿa talāta bel ḍabṭ	الساعة تلاتة بالضبط
por volta das quatro	es sāʿa arbaʿa taˀrīban	الساعة أربعة تقريبا
às doze	ḥatt es sāʿa etnāʃar	حتى الساعة إتناشر
dentro de vinte minutos	fe χelāl ʿeʃrīn deʿeeʿa	في خلال عشرين دقيقة
dentro duma hora	fe χelāl sāʿa	في خلال ساعة
a tempo	fe mawʿedo	في موعده
menos um quarto	ella robʿ	إلّا ربع
durante uma hora	χelāl sāʿa	خلال ساعة
a cada quinze minutos	koll robʿ sāʿa	كلّ ربع ساعة
as vinte e quatro horas	leyl nahār	ليل نهار

19. Meses. Estações

janeiro (m)	yanāyer (m)	يناير
fevereiro (m)	febrāyer (m)	فبراير
março (m)	māres (m)	مارس
abril (m)	ebrīl (m)	إبريل
maio (m)	māyo (m)	مايو
junho (m)	yonyo (m)	يونيو
julho (m)	yolyo (m)	يوليو
agosto (m)	oɣosṭos (m)	أغسطس
setembro (m)	sebtamber (m)	سبتمبر
outubro (m)	oktober (m)	أكتوبر
novembro (m)	november (m)	نوفمبر

dezembro (m)	desember (m)	ديسمبر
primavera (f)	rabeeʿ (m)	ربيع
na primavera	fel rabeeʿ	في الربيع
primaveril	rabeeʿy	ربيعي
verão (m)	ṣeyf (m)	صيف
no verão	fel ṣeyf	في الصيف
de verão	ṣeyfy	صيفي
outono (m)	χarīf (m)	خريف
no outono	fel χarīf	في الخريف
outonal	χarīfy	خريفي
inverno (m)	ʃetāʾ (m)	شتاء
no inverno	fel ʃetāʾ	في الشتاء
de inverno	ʃetwy	شتوّي
mês (m)	ʃahr (m)	شهر
este mês	fel ʃahr da	في الشهر ده
no próximo mês	el ʃahr el gayī	الشهر الجايّ
no mês passado	el ʃahr elly fāt	الشهر اللي فات
há um mês	men ʃahr	من شهر
dentro de um mês	baʿd ʃahr	بعد شهر
dentro de dois meses	baʿd ʃahreyn	بعد شهرين
todo o mês	el ʃahr kollo	الشهر كلّه
um mês inteiro	ṭawāl el ʃahr	طوال الشهر
mensal	ʃahry	شهري
mensalmente	ʃahry	شهري
cada mês	koll ʃahr	كلّ شهر
duas vezes por mês	marreteyn fel ʃahr	مرّتين في الشهر
ano (m)	sana (f)	سنة
este ano	el sana di	السنة دي
no próximo ano	el sana el gaya	السنة الجايّة
no ano passado	el sana elly fātet	السنة اللي فاتت
há um ano	men sana	من سنة
dentro dum ano	baʿd sana	بعد سنة
dentro de 2 anos	baʿd sanateyn	بعد سنتين
todo o ano	el sana kollaha	السنة كلّها
um ano inteiro	ṭūl el sana	طول السنة
cada ano	koll sana	كلّ سنة
anual	sanawy	سنوّي
anualmente	koll sana	كلّ سنة
quatro vezes por ano	arbaʿ marrāt fel sana	أربع مرات في السنة
data (~ de hoje)	tarīχ (m)	تاريخ
data (ex. ~ de nascimento)	tarīχ (m)	تاريخ
calendário (m)	natīga (f)	نتيجة
meio ano	noṣṣ sana	نصّ سنة
seis meses	settet aʃ-hor (f)	ستّة أشهر
estação (f)	faṣl (m)	فصل
século (m)	qarn (m)	قرن

VIAGENS. HOTEL

20. Viagens

turismo (m)	seyāḥa (f)	سياحة
turista (m)	sā'eḥ (m)	سائح
viagem (f)	reḥla (f)	رحلة
aventura (f)	moɣamra (f)	مغامرة
viagem (f)	reḥla (f)	رحلة
férias (f pl)	agāza (f)	أجازة
estar de férias	kān fi agāza	كان في أجازة
descanso (m)	estrāḥa (f)	إستراحة
comboio (m)	qeṭār, 'aṭṭr (m)	قطار
de comboio (chegar ~)	bel qeṭār - bel aṭṭr	بالقطار
avião (m)	ṭayāra (f)	طيّارة
de avião	bel ṭayāra	بالطيّارة
de carro	bel sayāra	بالسيّارة
de navio	bel safīna	بالسفينة
bagagem (f)	el ʃonaṭ (pl)	الشنط
mala (f)	ʃanṭa (f)	شنطة
carrinho (m)	'arabet ʃonaṭ (f)	عربة شنط
passaporte (m)	basbore (m)	باسبور
visto (m)	ta'ʃīra (f)	تأشيرة
bilhete (m)	tazkara (f)	تذكرة
bilhete (m) de avião	tazkara ṭayarān (f)	تذكرة طيران
guia (m) de viagem	dalīl (m)	دليل
mapa (m)	χarīṭa (f)	خريطة
local (m), area (f)	mante'a (f)	منطقة
lugar, sítio (m)	makān (m)	مكان
exotismo (m)	ɣarāba (f)	غرابة
exótico	ɣarīb	غريب
surpreendente	mod-heʃ	مدهش
grupo (m)	magmū'a (f)	مجموعة
excursão (f)	gawla (f)	جولة
guia (m)	morʃed (m)	مرشد

21. Hotel

hotel (m)	fondo' (m)	فندق
motel (m)	motel (m)	موتيل
três estrelas	talat nogūm	ثلاث نجوم

cinco estrelas	χamas nogūm	خمس نجوم
ficar (~ num hotel)	nezel	نزل
quarto (m)	oḍa (f)	أوضة
quarto (m) individual	owḍa le ʃaχṣ wāḥed (f)	أوضة لشخص واحد
quarto (m) duplo	oḍa le ʃaχṣeyn (f)	أوضة لشخصين
reservar um quarto	ḥagaz owḍa	حجز أوضة
meia pensão (f)	wagbeteyn fel yome (du)	وجبتين في اليوم
pensão (f) completa	talat wagabāt fel yome	ثلاث وجبات في اليوم
com banheira	bel banyo	بـ البانيو
com duche	bel doʃ	بالدوش
televisão (m) satélite	televizion be qanawāt faḍā'iya (m)	تليفزيون بقنوات فضائية
ar (m) condicionado	takyīf (m)	تكييف
toalha (f)	fūṭa (f)	فوطة
chave (f)	meftāḥ (m)	مفتاح
administrador (m)	modīr (m)	مدير
camareira (f)	ʿāmela tandīf ɣoraf (f)	عاملة تنظيف غرف
bagageiro (m)	ʃayāl (m)	شيّال
porteiro (m)	bawwāb (m)	بوّاب
restaurante (m)	maṭʿam (m)	مطعم
bar (m)	bār (m)	بار
pequeno-almoço (m)	foṭūr (m)	فطور
jantar (m)	ʿaʃā' (m)	عشاء
buffet (m)	bofeyh (m)	بوفيه
hall (m) de entrada	rad-ha (f)	ردهة
elevador (m)	asanseyr (m)	اسانسير
NÃO PERTURBE	nargu ʿadam el ezʿāg	نرجو عدم الإزعاج
PROIBIDO FUMAR!	mamnūʿ el tadχīn	ممنوع التدخين

22. Turismo

monumento (m)	temsāl (m)	تمثال
fortaleza (f)	'alʿa (f)	قلعة
palácio (m)	'aṣr (m)	قصر
castelo (m)	'alʿa (f)	قلعة
torre (f)	borg (m)	برج
mausoléu (m)	ḍarīḥ (m)	ضريح
arquitetura (f)	handasa meʿmāriya (f)	هندسة معمارية
medieval	men el qorūn el wosṭa	من القرون الوسطى
antigo	ʿatīq	عتيق
nacional	waṭany	وطني
conhecido	maʃ-hūr	مشهور
turista (m)	sā'eḥ (m)	سائح
guia (pessoa)	morʃed (m)	مرشد
excursão (f)	gawla (f)	جولة

mostrar (vt)	warra	ورّى
contar (vt)	ʾāl	قال
encontrar (vt)	laʾa	لقى
perder-se (vr)	ḍāʿ	ضاع
mapa (~ do metrô)	χarīṭa (f)	خريطة
mapa (~ da cidade)	χarīṭa (f)	خريطة
lembrança (f), presente (m)	tezkār (m)	تذكار
loja (f) de presentes	maḥal hadāya (m)	محل هدايا
fotografar (vt)	ṣawwar	صوّر
fotografar-se	etṣawwar	إتصوّر

TRANSPORTES

23. Aeroporto

aeroporto (m)	maṭār (m)	مطار
avião (m)	ṭayāra (f)	طيّارة
companhia (f) aérea	ʃerket ṭayarān (f)	شركة طيران
controlador (m) de tráfego aéreo	marākeb el ḥaraka el gawiya (m)	مراكب الحركة الجويّة
partida (f)	moɣadra (f)	مغادرة
chegada (f)	woṣūl (m)	وصول
chegar (~ de avião)	weṣel	وصل
hora (f) de partida	wa'ʾt el moɣadra (m)	وقت المغادرة
hora (f) de chegada	wa'ʾt el woṣūl (m)	وقت الوصول
estar atrasado	ta'akχar	تأخّر
atraso (m) de voo	ta'aχor el reḥla (m)	تأخّر الرحلة
painel (m) de informação	lawḥet el ma'lomāt (f)	لوحة المعلومات
informação (f)	este'lamāt (pl)	إستعلامات
anunciar (vt)	a'lan	أعلن
voo (m)	reḥlet ṭayarān (f)	رحلة طيران
alfândega (f)	gamārek (pl)	جمارك
funcionário (m) da alfândega	mowazzaf el gamārek (m)	موظّف الجمارك
declaração (f) alfandegária	taṣrīḥ gomroky (m)	تصريح جمركي
preencher (vt)	mala	ملا
preencher a declaração	mala el taṣrīḥ	ملا التصريح
controlo (m) de passaportes	taftīʃ el gawazāt (m)	تفتيش الجوازات
bagagem (f)	el ʃonaṭ (pl)	الشنط
bagagem (f) de mão	ʃonaṭ el yad (pl)	شنط اليد
carrinho (m)	'arabet ʃonaṭ (f)	عربة شنط
aterragem (f)	hobūṭ (m)	هبوط
pista (f) de aterragem	mamarr el hobūṭ (m)	ممرّ الهبوط
aterrar (vi)	habaṭ	هبط
escada (f) de avião	sellem el ṭayāra (m)	سلّم الطيّارة
check-in (m)	tasgīl (m)	تسجيل
balcão (m) do check-in	makān tasgīl (m)	مكان تسجيل
fazer o check-in	saggel	سجّل
cartão (m) de embarque	beṭāqet el rokūb (f)	بطاقة الركوب
porta (f) de embarque	bawwābet el moɣadra (f)	بوّابة المغادرة
trânsito (m)	tranzīt (m)	ترانزيت
esperar (vi, vt)	estanna	إستنّى

sala (f) de espera	ṣālet el moɣadra (f)	صالة المغادرة
despedir-se de ...	wadda'	ودّع
despedir-se (vr)	wadda'	ودّع

24. Avião

avião (m)	ṭayāra (f)	طيّارة
bilhete (m) de avião	tazkara ṭayarān (f)	تذكرة طيران
companhia (f) aérea	ʃerket ṭayarān (f)	شركة طيران
aeroporto (m)	maṭār (m)	مطار
supersónico	χāreq lel ṣote	خارق للصوت
comandante (m) do avião	kabten (m)	كابتن
tripulação (f)	ṭa'm (m)	طقم
piloto (m)	ṭayār (m)	طيّار
hospedeira (f) de bordo	moḍīfet ṭayarān (f)	مضيفة طيران
copiloto (m)	mallāḥ (m)	ملاّح
asas (f pl)	agneḥa (pl)	أجنحة
cauda (f)	deyl (m)	ذيل
cabine (f) de pilotagem	kabīna (f)	كابينة
motor (m)	motore (m)	موتور
trem (m) de aterragem	'agalāt el hobūṭ (pl)	عجلات الهبوط
turbina (f)	torbīna (f)	توربينة
hélice (f)	marwaḥa (f)	مروّحة
caixa-preta (f)	mosaggel el ṭayarān (m)	مسجّل الطيران
coluna (f) de controlo	moqawwed el ṭayāra (m)	مقوّد الطيّارة
combustível (m)	woqūd (m)	وقود
instruções (f pl) de segurança	beṭā'et el salāma (f)	بطاقة السلامة
máscara (f) de oxigénio	mask el oksyʒīn (m)	ماسك الاوكسيجين
uniforme (m)	zayī muwaḥḥad (m)	زي موحّد
colete (m) salva-vidas	sotret nagah (f)	سترة نجاة
paraquedas (m)	baraʃot (m)	باراشوت
descolagem (f)	eqlā' (m)	إقلاع
descolar (vi)	aqla'et	أقلعت
pista (f) de descolagem	modarrag el ṭa'erāt (m)	مدرّج الطائرات
visibilidade (f)	ro'ya (f)	رؤية
voo (m)	ṭayarān (m)	طيران
altura (f)	ertefā' (m)	إرتفاع
poço (m) de ar	geyb hawā'y (m)	جيب هوائي
assento (m)	meq'ad (m)	مقعد
auscultadores (m pl)	samma'āt ra'siya (pl)	سمّاعات رأسية
mesa (f) rebatível	ṣeniya qabela lel ṭayī (f)	صينية قابلة للطيّ
vigia (f)	ʃebbāk el ṭayāra (m)	شبّاك الطيّارة
passagem (f)	mamarr (m)	ممرّ

25. Comboio

comboio (m)	qeṭār, 'aṭṭr (m)	قطار
comboio (m) suburbano	qeṭār rokkāb (m)	قطار ركّاب
comboio (m) rápido	qeṭār saree' (m)	قطار سريع
locomotiva (f) diesel	qāṭeret dīzel (f)	قاطرة ديزل
locomotiva (f) a vapor	qāṭera boxariya (f)	قاطرة بخاريّة
carruagem (f)	'araba (f)	عربة
carruagem restaurante (f)	'arabet el ṭa'ām (f)	عربة الطعام
carris (m pl)	qoḍbān (pl)	قضبان
caminho de ferro (m)	sekka ḥadīdiya (f)	سكّة حديديّة
travessa (f)	'āreḍa sekket ḥadīd (f)	عارضة سكّة الحديد
plataforma (f)	raṣīf (m)	رصيف
linha (f)	xaṭṭ (m)	خطّ
semáforo (m)	semafore (m)	سيمافور
estação (f)	maḥaṭṭa (f)	محطّة
maquinista (m)	sawwā' (m)	سوّاق
bagageiro (m)	ʃayāl (m)	شيّال
hospedeiro, -a (da carruagem)	mas'ūl 'arabet el qeṭār (m)	مسؤول عربة القطار
passageiro (m)	rākeb (m)	راكب
revisor (m)	kamsary (m)	كمسري
corredor (m)	mamarr (m)	ممرّ
freio (m) de emergência	farāmel el ṭawāre' (pl)	فرامل الطوارئ
compartimento (m)	ɣorfa (f)	غرفة
cama (f)	serīr (m)	سرير
cama (f) de cima	serīr 'olwy (m)	سرير علويّ
cama (f) de baixo	serīr sofly (m)	سرير سفلي
roupa (f) de cama	aɣṭeyet el serīr (pl)	أغطية السرير
bilhete (m)	tazkara (f)	تذكرة
horário (m)	gadwal (m)	جدول
painel (m) de informação	lawḥet ma'lomāt (f)	لوحة معلومات
partir (vt)	ɣādar	غادر
partida (f)	moɣadra (f)	مغادرة
chegar (vi)	weṣel	وصل
chegada (f)	woṣūl (m)	وصول
chegar de comboio	weṣel bel qeṭār	وصل بالقطار
apanhar o comboio	rekeb el qeṭār	ركب القطار
sair do comboio	nezel men el qeṭār	نزل من القطار
acidente (m) ferroviário	ḥeṭām qeṭār (m)	حطام قطار
descarrilar (vi)	xarag 'an xaṭṭ sīru	خرج عن خطّ سيره
locomotiva (f) a vapor	qāṭera boxariya (f)	قاطرة بخاريّة
fogueiro (m)	'atʃagy (m)	عطشجي
fornalha (f)	forn el moḥarrek (m)	فرن المحرّك
carvão (m)	faḥm (m)	فحم

26. Barco

navio (m)	safīna (f)	سفينة
embarcação (f)	safīna (f)	سفينة
vapor (m)	baχera (f)	باخرة
navio (m)	baχera nahriya (f)	باخرة نهرية
transatlântico (m)	safīna seyaḥiya (f)	سفينة سياحيّة
cruzador (m)	ṭarrād safīna baḥariya (m)	طرّاد سفينة بحريّة
iate (m)	yaχt (m)	يخت
rebocador (m)	qāṭera baḥariya (f)	قاطرة بحريّة
barcaça (f)	ṣandal (m)	صندل
ferry (m)	ʿabbāra (f)	عبّارة
veleiro (m)	safīna ʃeraʿiya (m)	سفينة شراعيّة
bergantim (m)	markeb ʃerāʿy (m)	مركب شراعي
quebra-gelo (m)	moḥaṭṭemet galīd (f)	محطّمة جليد
submarino (m)	ɣawwāṣa (f)	غوّاصة
bote, barco (m)	markeb (m)	مركب
bote, dingue (m)	zawraʾ (m)	زورق
bote (m) salva-vidas	qāreb nagah (m)	قارب نجاة
lancha (f)	lunʃ (m)	لنش
capitão (m)	ʾobṭān (m)	قبطان
marinheiro (m)	baḥḥār (m)	بحّار
marujo (m)	baḥḥār (m)	بحّار
tripulação (f)	ṭāqem (m)	طاقم
contramestre (m)	rabbān (m)	ربّان
grumete (m)	ṣaby el safīna (m)	صبي السفينة
cozinheiro (m) de bordo	ṭabbāχ (m)	طبّاخ
médico (m) de bordo	ṭabīb el safīna (m)	طبيب السفينة
convés (m)	saṭ-ḥ el safīna (m)	سطح السفينة
mastro (m)	sāreya (f)	سارية
vela (f)	ʃerāʿ (m)	شراع
porão (m)	ʿanbar (m)	عنبر
proa (f)	moʾaddema (m)	مقدّمة
popa (f)	moʾaχeret el safīna (f)	مؤخّرة السفينة
remo (m)	megdāf (m)	مجذاف
hélice (f)	marwaḥa (f)	مروّحة
camarote (m)	kabīna (f)	كابينة
sala (f) dos oficiais	ɣorfet el ṭaʿām wel rāḥa (f)	غرفة الطعام والراحة
sala (f) das máquinas	qesm el ʾālāt (m)	قسم الآلات
ponte (m) de comando	borg el qeyāda (m)	برج القيادة
sala (f) de comunicações	ɣorfet el lāselky (f)	غرفة اللاسلكي
onda (f) de rádio	mouga (f)	موجة
diário (m) de bordo	segel el safīna (m)	سجل السفينة
luneta (f)	monzār (m)	منظار
sino (m)	garas (m)	جرس

bandeira (f)	ʿalam (m)	علم
cabo (m)	ḥabl (m)	حبل
nó (m)	ʿoʾda (f)	عقدة
corrimão (m)	drabzīn saṭ-ḥ el safīna (m)	درابزين سطح السفينة
prancha (f) de embarque	sellem (m)	سلّم
âncora (f)	marsāh (f)	مرساة
recolher a âncora	rafaʿ morsah	رفع مرساة
lançar a âncora	rasa	رسا
amarra (f)	selselet morsah (f)	سلسلة مرساة
porto (m)	mināʾ (m)	ميناء
cais, amarradouro (m)	marsa (m)	مرسى
atracar (vi)	rasa	رسا
desatracar (vi)	aqlaʿ	أقلع
viagem (f)	reḥla (f)	رحلة
cruzeiro (m)	reḥla baḥariya (f)	رحلة بحريّة
rumo (m), rota (f)	masār (m)	مسار
itinerário (m)	ṭarīʾ (m)	طريق
canal (m) navegável	magra melāḥy (m)	مجرى ملاحيّ
banco (m) de areia	meyāh ḍaḥla (f)	مياه ضحلة
encalhar (vt)	ganaḥ	جنح
tempestade (f)	ʿāṣefa (f)	عاصفة
sinal (m)	eʃara (f)	إشارة
afundar-se (vr)	ɣereʾ	غرق
Homem ao mar!	saʾaṭ rāgil min el sefīna!	سقط راجل من السفينة!
SOS	nedāʾ eɣāsa (m)	نداء إغاثة
boia (f) salva-vidas	ṭoʾe nagah (m)	طوق نجاة

CIDADE

27. Transportes urbanos

autocarro (m)	buṣ (m)	باص
elétrico (m)	trām (m)	ترام
troleicarro (m)	trolly buṣ (m)	ترولي باص
itinerário (m)	χaṭṭ (m)	خَطّ
número (m)	raqam (m)	رقم
ir de ... (carro, etc.)	rāḥ be ...	راح بـ ...
entrar (~ no autocarro)	rekeb	ركب
descer de ...	nezel men	نزل من
paragem (f)	maw'af (m)	مَوقف
próxima paragem (f)	el maḥaṭṭa el gaya (f)	المحطة الجايَة
ponto (m) final	'āχer maw'af (m)	آخر موقف
horário (m)	gadwal (m)	جدوِّل
esperar (vt)	estanna	إستنّى
bilhete (m)	tazkara (f)	تذكرة
custo (m) do bilhete	ogra (f)	أجرة
bilheteiro (m)	kaʃier (m)	كاشيير
controlo (m) dos bilhetes	taftīʃ el tazāker (m)	تفتيش التذاكر
revisor (m)	mofatteʃ tazāker (m)	مفتّش تذاكر
atrasar-se (vr)	met'akχer	متأَخَّر
perder (o autocarro, etc.)	ta'akχar	تأَخَّر
estar com pressa	mestaʿgel	مستعجل
táxi (m)	taksi (m)	تاكسي
taxista (m)	sawwā' taksi (m)	سوّاق تاكسي
de táxi (ir ~)	bel taksi	بالتاكسي
praça (f) de táxis	maw'ef taksi (m)	مَوقف تاكسي
chamar um táxi	kallem taksi	كلّم تاكسي
apanhar um táxi	aχad taksi	أخد تاكسي
tráfego (m)	ḥaraket el morūr (f)	حركة المرور
engarrafamento (m)	zaḥmet el morūr (f)	زحمة المرور
horas (f pl) de ponta	sāʿet el zorwa (f)	ساعة الذروة
estacionar (vi)	rakan	ركن
estacionar (vt)	rakan	ركن
parque (m) de estacionamento	maw'ef el ʿarabeyāt (m)	موقف العربيات
metro (m)	metro (m)	مترو
estação (f)	maḥaṭṭa (f)	محطّة
ir de metro	aχad el metro	أخد المترو
comboio (m)	qeṭār, 'aṭṭr (m)	قطار
estação (f)	maḥaṭṭet qeṭār (f)	محطّة قطار

28. Cidade. Vida na cidade

cidade (f)	madīna (f)	مدينة
capital (f)	'āṣema (f)	عاصمة
aldeia (f)	qarya (f)	قرية
mapa (m) da cidade	xarīṭet el madinah (f)	خريطة المدينة
centro (m) da cidade	wesṭ el balad (m)	وسط البلد
subúrbio (m)	ḍāḥeya (f)	ضاحية
suburbano	el ḍawāḥy	الضواحي
periferia (f)	aṭrāf el madīna (pl)	أطراف المدينة
arredores (m pl)	ḍawāḥy el madīna (pl)	ضواحِي المدينة
quarteirão (m)	ḥayī (m)	حي
quarteirão (m) residencial	ḥayī sakany (m)	حي سكني
tráfego (m)	ḥaraket el morūr (f)	حركة المرور
semáforo (m)	eʃārāt el morūr (pl)	إشارات المرور
transporte (m) público	wasā'el el na'l (pl)	وسائل النقل
cruzamento (m)	taqāṭo' (m)	تقاطع
passadeira (f)	ma'bar (m)	معبر
passagem (f) subterrânea	nafa' moʃāh (m)	نفق مشاه
cruzar, atravessar (vt)	'abar	عبر
peão (m)	māʃy (m)	ماشي
passeio (m)	raṣīf (m)	رصيف
ponte (f)	kobry (m)	كبري
margem (f) do rio	korneyʃ (m)	كورنيش
fonte (f)	nafūra (f)	نافورة
alameda (f)	mamʃa (m)	ممشى
parque (m)	ḥadīqa (f)	حديقة
bulevar (m)	bolvār (m)	بولفار
praça (f)	medān (m)	ميدان
avenida (f)	ʃāre' (m)	شارع
rua (f)	ʃāre' (m)	شارع
travessa (f)	zo'ā' (m)	زقاق
beco (m) sem saída	ṭarī' masdūd (m)	طريق مسدود
casa (f)	beyt (m)	بيت
edifício, prédio (m)	mabna (m)	مبنى
arranha-céus (m)	nāṭeḥet sahāb (f)	ناطحة سحاب
fachada (f)	waɣa (f)	واجهة
telhado (m)	sa'f (m)	سقف
janela (f)	ʃebbāk (m)	شبّاك
arco (m)	qose (m)	قوس
coluna (f)	'amūd (m)	عمود
esquina (f)	zawya (f)	زاوية
montra (f)	vatrīna (f)	فترينة
letreiro (m)	yafṭa, lāfeta (f)	لافتة, يافطة
cartaz (m)	boster (m)	بوستر
cartaz (m) publicitário	boster e'lān (m)	بوستر إعلان

painel (m) publicitário	lawḥet e'lanāt (f)	لوحة إعلانات
lixo (m)	zebāla (f)	زبالة
cesta (f) do lixo	ṣandū' zebāla (m)	صندوق زبالة
jogar lixo na rua	rama zebāla	رمى زبالة
aterro (m) sanitário	mazbala (f)	مزبلة
cabine (f) telefónica	koʃk telefōn (m)	كشك تليفون
candeeiro (m) de rua	'amūd nūr (m)	عمود نور
banco (m)	korsy (m)	كرسي
polícia (m)	ʃorṭy (m)	شرطي
polícia (instituição)	ʃorṭa (f)	شرطة
mendigo (m)	ʃaḥḥāt (m)	شحّات
sem-abrigo (m)	motaʃarred (m)	متشرّد

29. Instituições urbanas

loja (f)	maḥal (m)	محل
farmácia (f)	ṣaydaliya (f)	صيدليّة
ótica (f)	maḥal naḍḍārāt (m)	محل نضّارات
centro (m) comercial	mole (m)	مول
supermercado (m)	subermarket (m)	سوبرماركت
padaria (f)	maχbaz (m)	مخبز
padeiro (m)	χabbāz (m)	خبّاز
pastelaria (f)	ḥalawāny (m)	حلواني
mercearia (f)	ba''āla (f)	بقّالة
talho (m)	gezāra (f)	جزارة
loja (f) de legumes	dokkān χoḍār (m)	دكّان خضار
mercado (m)	sū' (f)	سوق
café (m)	'ahwa (f), kaféih (m)	قهوة, كافيه
restaurante (m)	maṭ'am (m)	مطعم
bar (m), cervejaria (f)	bār (m)	بار
pizzaria (f)	maḥal pizza (m)	محل بيتزا
salão (m) de cabeleireiro	ṣalone ḥelā'a (m)	صالون حلاقة
correios (m pl)	maktab el barīd (m)	مكتب البريد
lavandaria (f)	dray klīn (m)	دراي كلين
estúdio (m) fotográfico	estudio taṣwīr (m)	إستوديو تصوير
sapataria (f)	maḥal gezam (m)	محل جزم
livraria (f)	maḥal kotob (m)	محل كتب
loja (f) de artigos de desporto	maḥal mostalzamāt reyaḍiya (m)	محل مستلزمات رياضية
reparação (f) de roupa	maḥal χeyāṭet malābes (m)	محل خياطة ملابس
aluguer (m) de roupa	ta'gīr malābes rasmiya (m)	تأجير ملابس رسمية
aluguer (m) de filmes	maḥal ta'gīr video (m)	محل تأجير فيديو
circo (m)	serk (m)	سيرك
jardim (m) zoológico	ḥadīqet el ḥayawān (f)	حديقة حيوان
cinema (m)	sinema (f)	سينما

museu (m)	mat-ḥaf (m)	متحف
biblioteca (f)	maktaba (f)	مكتبة
teatro (m)	masraḥ (m)	مسرح
ópera (f)	obra (f)	أوبرا
clube (m) noturno	malha leyly (m)	ملهى ليّلي
casino (m)	kazino (m)	كازينو
mesquita (f)	masged (m)	مسجد
sinagoga (f)	kenīs (m)	كنيس
catedral (f)	katedra'iya (f)	كاتدرائية
templo (m)	ma'bad (m)	معبد
igreja (f)	kenīsa (f)	كنيسة
instituto (m)	kolliya (m)	كليّة
universidade (f)	gam'a (f)	جامعة
escola (f)	madrasa (f)	مدرسة
prefeitura (f)	moqaṭ'a (f)	مقاطعة
câmara (f) municipal	baladiya (f)	بلديّة
hotel (m)	fondo' (m)	فندق
banco (m)	bank (m)	بنك
embaixada (f)	safāra (f)	سفارة
agência (f) de viagens	ʃerket seyāḥa (f)	شركة سياحة
agência (f) de informações	maktab el este'lāmāt (m)	مكتب الإستعلامات
casa (f) de câmbio	ṣarrāfa (f)	صرّافة
metro (m)	metro (m)	مترو
hospital (m)	mostaʃfa (m)	مستشفى
posto (m) de gasolina	maḥaṭṭet banzīn (f)	محطّة بنزين
parque (m) de estacionamento	maw'ef el 'arabeyāt (m)	موقف العربيات

30. Sinais

letreiro (m)	yafṭa, lāfeta (f)	لافتة, يافطة
inscrição (f)	bayān (m)	بيان
cartaz, póster (m)	boster (m)	بوستر
sinal (m) informativo	'alāmet (f)	علامة إتجاه
seta (f)	'alāmet eʃāra (f)	علامة إشارة
aviso (advertência)	taḥzīr (m)	تحذير
sinal (m) de aviso	lāfetat taḥzīr (f)	لافتة تحذير
avisar, advertir (vt)	ḥazzar	حذّر
dia (m) de folga	yome 'oṭla (m)	يوم عطلة
horário (m)	gadwal (m)	جدول
horário (m) de funcionamento	aw'āt el 'amal (pl)	أوقات العمل
BEM-VINDOS!	ahlan w sahlan!	أهلاً وسهلا!
ENTRADA	doχūl	دخول
SAÍDA	χorūg	خروج
EMPURRE	edfa'	إدفع

PUXE	es-ḥab	إسحب
ABERTO	maftūḥ	مفتوح
FECHADO	moɣlaq	مغلق
MULHER	lel sayedāt	للسيدات
HOMEM	lel regāl	للرجال
DESCONTOS	χoṣomāt	خصومات
SALDOS	taχfeḍāt	تخفيضات
NOVIDADE!	gedīd!	جديد!
GRÁTIS	maggānan	مجّاناً
ATENÇÃO!	entebāh!	إنتباه!
NÃO HÁ VAGAS	koll el amāken maḥgūza	كلّ الأماكن محجوزة
RESERVADO	maḥgūz	محجوز
ADMINISTRAÇÃO	edāra	إدارة
SOMENTE PESSOAL AUTORIZADO	lel ʿamelīn faqaṭ	للعاملين فقط
CUIDADO CÃO FEROZ	eḥzar wogūd kalb	إحذر وجود الكلب
PROIBIDO FUMAR!	mamnūʿ el tadχīn	ممنوع التدخين
NÃO TOCAR	ʿadam el lams	عدم اللمس
PERIGOSO	χaṭīr	خطير
PERIGO	χaṭar	خطر
ALTA TENSÃO	tayār ʿāly	تيّار عالي
PROIBIDO NADAR	el sebāḥa mamnūʿa	السباحة ممنوعة
AVARIADO	moʿaṭṭal	معطّل
INFLAMÁVEL	sareeʿ el eʃteʿāl	سريع الإشتعال
PROIBIDO	mamnūʿ	ممنوع
ENTRADA PROIBIDA	mamnūʿ el morūr	ممنوع المرور
CUIDADO TINTA FRESCA	eḥzar ṭelāʾ ɣayr gāf	احذر طلاء غير جاف

31. Compras

comprar (vt)	eʃtara	إشترى
compra (f)	ḥāga (f)	حاجة
fazer compras	eʃtara	إشترى
compras (f pl)	ʃobbing (m)	شوبينج
estar aberta (loja, etc.)	maftūḥ	مفتوح
estar fechada	moɣlaq	مغلق
calçado (m)	gezam (pl)	جزم
roupa (f)	malābes (pl)	ملابس
cosméticos (m pl)	mawād tagmīl (pl)	مواد تجميل
alimentos (m pl)	akl (m)	أكل
presente (m)	hediya (f)	هديّة
vendedor (m)	bayāʿ (m)	بيّاع
vendedora (f)	bayāʿa (f)	بيّاعة
caixa (f)	ṣandūʾ el dafʿ (m)	صندوق الدفع

espelho (m)	merāya (f)	مراية
balcão (m)	manḍada (f)	منضدة
cabine (f) de provas	ɣorfet el ʾeyās (f)	غرفة القياس
provar (vt)	garrab	جرّب
servir (vi)	nāseb	ناسب
gostar (apreciar)	ʿagab	عجب
preço (m)	seʿr (m)	سعر
etiqueta (f) de preço	tiket el seʿr (m)	تيكت السعر
custar (vt)	kallef	كلّف
Quanto?	bekām?	بكام؟
desconto (m)	χaṣm (m)	خصم
não caro	meʃ ɣāly	مش غالي
barato	reχīṣ	رخيص
caro	ɣāly	غالي
É caro	da ɣāly	ده غالي
aluguer (m)	esteʾgār (m)	إستئجار
alugar (vestidos, etc.)	estʾgar	إستأجر
crédito (m)	eʾtemān (m)	إئتمان
a crédito	bel taʾseeṭ	بالتقسيط

VESTUÁRIO & ACESSÓRIOS

32. Roupa exterior. Casacos

roupa (f)	malābes (pl)	ملابس
roupa (f) exterior	malābes fo'aniya (pl)	ملابس فوقانيّة
roupa (f) de inverno	malābes ʃetwiya (pl)	ملابس شتويّة
sobretudo (m)	balṭo (m)	بالطو
casaco (m) de peles	balṭo farww (m)	بالطو فروّ
casaco curto (m) de peles	ʒaket farww (m)	جاكيت فروّ
casaco (m) acolchoado	balṭo maḥʃy rīʃ (m)	بالطو محشي ريش
casaco, blusão (m)	ʒæket (m)	جاكيت
impermeável (m)	ʒæket lel maṭar (m)	جاكيت للمطر
impermeável	wāqy men el maya	واقي من الميّة

33. Vestuário de homem & mulher

camisa (f)	'amīṣ (m)	قميص
calças (f pl)	banṭalone (f)	بنطلون
calças (f pl) de ganga	ʒeans (m)	جينز
casaco (m) de fato	ʒæket (f)	جاكت
fato (m)	badla (f)	بدلة
vestido (ex. ~ vermelho)	fostān (m)	فستان
saia (f)	ʒība (f)	جيبة
blusa (f)	bloza (f)	بلوزة
casaco (m) de malha	kardigan (m)	كارديجن
casaco, blazer (m)	ʒæket (m)	جاكيت
T-shirt, camiseta (f)	ti ʃirt (m)	تي شيرت
calções (Bermudas, etc.)	ʃort (m)	شورت
fato (m) de treino	treneng (m)	ترينينج
roupão (m) de banho	robe el ḥammām (m)	روب حمّام
pijama (m)	beʒāma (f)	بيجاما
suéter (m)	blover (f)	بلوفر
pulôver (m)	blover (m)	بلوفر
colete (m)	vest (m)	فيست
fraque (m)	badlet sahra ṭawīla (f)	بدلة سهرة طويلة
smoking (m)	badla (f)	بدلة
uniforme (m)	zayī muwaḥḥad (m)	زيّ موحّد
roupa (f) de trabalho	lebs el ʃoɣl (m)	لبس الشغل
fato-macaco (m)	overall (m)	اوفر اول
bata (~ branca, etc.)	balṭo (m)	بالطو

34. Vestuário. Roupa interior

roupa (f) interior	malābes dāχeliya (pl)	ملابس داخلية
cuecas boxer (f pl)	sirwāl dāχly rigāly (m)	سروال داخلي رجالي
cuecas (f pl)	sirwāl dāχly nisā'y (m)	سروال داخلي نسائي
camisola (f) interior	fanella (f)	فانلّا
peúgas (f pl)	ʃarāb (m)	شراب
camisa (f) de noite	'amīṣ nome (m)	قميص نوم
sutiã (m)	setyāna (f)	ستيانة
meias longas (f pl)	ʃarabāt ṭawīla (pl)	شرابات طويلة
meia-calça (f)	klone (m)	كلون
meias (f pl)	gawāreb (pl)	جوارب
fato (m) de banho	mayo (m)	مايّوه

35. Adereços de cabeça

chapéu (m)	ṭa'iya (f)	طاقيّة
chapéu (m) de feltro	borneyṭa (f)	برنيطة
boné (m) de beisebol	base bāl kāb (m)	بيس بول كاب
boné (m)	ṭa'iya mosaṭṭaḥa (f)	طاقيّة مسطحة
boina (f)	bereyh (m)	بيريه
capuz (m)	γaṭa' (f)	غطاء
panamá (m)	qobba'et banama (f)	قبّعة بناما
gorro (m) de malha	ays kāb (m)	آيس كاب
lenço (m)	eʃarb (m)	إيشارب
chapéu (m) de mulher	borneyṭa (f)	برنيطة
capacete (m) de proteção	χawza (f)	خوذة
bibico (m)	kāb (m)	كاب
capacete (m)	χawza (f)	خوذة
chapéu-coco (m)	qobba'a (f)	قبّعة
chapéu (m) alto	qobba'a rasmiya (f)	قبّعة رسمية

36. Calçado

calçado (m)	gezam (pl)	جزم
botinas (f pl)	gazma (f)	جزمة
sapatos (de salto alto, etc.)	gazma (f)	جزمة
botas (f pl)	būt (m)	بوت
pantufas (f pl)	ʃebʃeb (m)	شبشب
ténis (m pl)	kotʃy tennis (m)	كوتشي تنس
sapatilhas (f pl)	kotʃy (m)	كوتشي
sandálias (f pl)	ṣandal (pl)	صندل
sapateiro (m)	eskāfy (m)	إسكافي
salto (m)	ka'b (m)	كعب

par (m)	goze (m)	جوز
atacador (m)	ʃerīṭ (m)	شريط
apertar os atacadores	rabaṭ	ربط
calçadeira (f)	labbāsa el gazma (f)	لبّاسة الجزمة
graxa (f) para calçado	warnīʃ el gazma (m)	ورنيش الجزمة

37. Acessórios pessoais

luvas (f pl)	gwanty (m)	جوانتي
mitenes (f pl)	gwanty men ɣeyr aṣābeʿ (m)	جوانتي من غير أصابع
cachecol (m)	skarf (m)	سكارف
óculos (m pl)	naḍḍāra (f)	نظّارة
armação (f) de óculos	eṭār (m)	إطار
guarda-chuva (m)	ʃamsiya (f)	شمسيّة
bengala (f)	ʿaṣāya (f)	عصاية
escova (f) para o cabelo	forʃet ʃaʿr (f)	فرشة شعر
leque (m)	marwaḥa (f)	مروّحة
gravata (f)	karavetta (f)	كرافتة
gravata-borboleta (f)	bebyona (m)	بيبيونة
suspensórios (m pl)	ḥammala (f)	حمّالة
lenço (m)	mandīl (m)	منديل
pente (m)	meʃṭ (m)	مشط
travessão (m)	dabbūs (m)	دبّوس
gancho (m) de cabelo	bensa (m)	بنسة
fivela (f)	bokla (f)	بكلة
cinto (m)	ḥezām (m)	حزام
correia (f)	ḥammalet el ketf (f)	حمّالة الكتف
mala (f)	ʃanṭa (f)	شنطة
mala (f) de senhora	ʃanṭet yad (f)	شنطة يد
mochila (f)	ʃanṭet ḍahr (f)	شنطة ظهر

38. Vestuário. Diversos

moda (f)	mūḍa (f)	موضة
na moda	fel moḍa	في الموضة
estilista (m)	moṣammem azyāʾ (m)	مصمّم أزياء
colarinho (m), gola (f)	yāʾa (f)	ياقة
bolso (m)	geyb (m)	جيب
de bolso	geyb	جيب
manga (f)	komm (m)	كمّ
alcinha (f)	ʿelāqa (f)	علّاقة
braguilha (f)	lesān (m)	لسان
fecho (m) de correr	sosta (f)	سوستة
fecho (m), colchete (m)	maʃbak (m)	مشبك
botão (m)	zerr (m)	زرّ

casa (f) de botão	ʿarwa (f)	عروة
soltar-se (vr)	weʾeʿ	وقع
coser, costurar (vi)	χayaṭ	خيّط
bordar (vt)	ṭarraz	طرّز
bordado (m)	taṭrīz (m)	تطريز
agulha (f)	ebra (f)	إبرة
fio (m)	χeyṭ (m)	خيط
costura (f)	derz (m)	درز
sujar-se (vr)	ettwassaχ	إتّوسّخ
mancha (f)	boʾʿa (f)	بقعة
engelhar-se (vr)	takarmaʃ	تكرمش
rasgar (vt)	ʾaṭaʿ	قطع
traça (f)	ʿetta (f)	عتّة

39. Cuidados pessoais. Cosméticos

pasta (f) de dentes	maʿgūn asnān (m)	معجون أسنان
escova (f) de dentes	forʃet senān (f)	فرشة أسنان
escovar os dentes	naḍḍaf el asnān	نظّف الأسنان
máquina (f) de barbear	mūs (m)	موس
creme (m) de barbear	krīm ḥelāʾa (m)	كريم حلاقة
barbear-se (vr)	ḥalaʾ	حلق
sabonete (m)	ṣabūn (m)	صابون
champô (m)	ʃambū (m)	شامبو
tesoura (f)	maʾaṣ (m)	مقص
lima (f) de unhas	mabrad (m)	مبرد
corta-unhas (m)	melʾaṭ (m)	ملقط
pinça (f)	melʾaṭ (m)	ملقط
cosméticos (m pl)	mawād tagmīl (pl)	مواد تجميل
máscara (f) facial	mask (m)	ماسك
manicura (f)	monekīr (m)	مونيكير
fazer a manicura	ʿamal monikīr	عمل مونيكير
pedicure (f)	badikīr (m)	باديكير
mala (f) de maquilhagem	ʃanṭet mekyāʒ (f)	شنطة مكياج
pó (m)	bodret weʃ (f)	بودرة وش
caixa (f) de pó	ʿelbet bodra (f)	علبة بودرة
blush (m)	aḥmar χodūd (m)	أحمر خدود
perfume (m)	barfān (m)	بارفان
água (f) de toilette	kolonya (f)	كولونيا
loção (f)	loʃion (m)	لوشن
água-de-colónia (f)	kolonya (f)	كولونيا
sombra (f) de olhos	eyeʃadow (m)	اي شادو
lápis (m) delineador	koḥl (m)	كحل
máscara (f), rímel (m)	maskara (f)	ماسكارا
batom (m)	rūʒ (m)	روج

verniz (m) de unhas	monekīr (m)	مونيكير
laca (f) para cabelos	mosabbet el ʃaʿr (m)	مثبّت الشعر
desodorizante (m)	mozīl ʿaraʾ (m)	مزيل عرق
creme (m)	krīm (m)	كريم
creme (m) de rosto	krīm lel weʃ (m)	كريم للوش
creme (m) de mãos	krīm eyd (m)	كريم أيد
creme (m) antirrugas	krīm moḍād lel tagaʿīd (m)	كريم مضاد للتجاعيد
creme (m) de dia	krīm en nahār (m)	كريم النهار
creme (m) de noite	krīm el leyl (m)	كريم الليل
de dia	nahāry	نهاري
da noite	layly	ليّلي
tampão (m)	tambon (m)	تانبون
papel (m) higiénico	waraʾ twalet (m)	ورق تواليت
secador (m) elétrico	seʃwār (m)	سشوار

40. Relógios de pulso. Relógios

relógio (m) de pulso	sāʿa (f)	ساعة
mostrador (m)	wag-h el sāʿa (m)	وجه الساعة
ponteiro (m)	ʿaʾrab el sāʿa (m)	عقرب الساعة
bracelete (f) em aço	ʃerīṭ sāʿa maʿdaniya (m)	شريط ساعة معدنية
bracelete (f) em couro	ʃerīṭ el sāʿa (m)	شريط الساعة
pilha (f)	baṭṭariya (f)	بطّاريّة
descarregar-se	χelṣet	خلصت
trocar a pilha	ɣayar el baṭṭariya	غيّر البطّاريّة
estar adiantado	sabaʾ	سبق
estar atrasado	taʾakχar	تأخّر
relógio (m) de parede	sāʿet ḥeyṭa (f)	ساعة حيطة
ampulheta (f)	sāʿa ramliya (f)	ساعة رمليّة
relógio (m) de sol	sāʿa ʃamsiya (f)	ساعة شمسيّة
despertador (m)	monabbeh (m)	منبّه
relojoeiro (m)	saʿāty (m)	ساعاتي
reparar (vt)	ṣallaḥ	صلّح

EXPERIÊNCIA DO QUOTIDIANO

41. Dinheiro

dinheiro (m)	folūs (pl)	فلوس
câmbio (m)	taḥwīl ʿomla (m)	تحويل عملة
taxa (f) de câmbio	seʿr el ṣarf (m)	سعر الصرف
Caixa Multibanco (m)	makinet ṣarrāf ʾāly (f)	ماكينة صرّاف آلي
moeda (f)	ʾerʃ (m)	قرش
dólar (m)	dolār (m)	دولار
euro (m)	yoro (m)	يورو
lira (f)	lira (f)	ليرة
marco (m)	el mark el almāny (m)	المارك الألماني
franco (m)	frank (m)	فرنك
libra (f) esterlina	geneyh esterlīny (m)	جنيه استرليني
iene (m)	yen (m)	ين
dívida (f)	deyn (m)	دين
devedor (m)	modīn (m)	مدين
emprestar (vt)	sallef	سلّف
pedir emprestado	estalaf	إستلف
banco (m)	bank (m)	بنك
conta (f)	ḥesāb (m)	حساب
depositar (vt)	awdaʿ	أودع
depositar na conta	awdaʿ fel ḥesāb	أودّع في الحساب
levantar (vt)	saḥab men el ḥesāb	سحب من الحساب
cartão (m) de crédito	kredit kard (f)	كريدت كارد
dinheiro (m) vivo	kæʃ (m)	كاش
cheque (m)	ʃīk (m)	شيك
passar um cheque	katab ʃīk	كتب شيك
livro (m) de cheques	daftar ʃikāt (m)	دفتر شيكات
carteira (f)	maḥfaẓa (f)	محفظة
porta-moedas (m)	maḥfazet fakka (f)	محفظة فكّة
cofre (m)	χazzāna (f)	خزّانة
herdeiro (m)	wāres (m)	وارث
herança (f)	werāsa (f)	وراثة
fortuna (riqueza)	sarwa (f)	ثروّة
arrendamento (m)	ʿaʾd el egār (m)	عقد الإيجار
renda (f) de casa	ogret el sakan (f)	أجرة السكن
alugar (vt)	estʾgar	إستأجر
preço (m)	seʿr (m)	سعر
custo (m)	taman (m)	ثمن

soma (f)	mablaɣ (m)	مبلغ
gastar (vt)	ṣaraf	صرف
gastos (m pl)	maṣarīf (pl)	مصاريف
economizar (vi)	waffar	وفّر
económico	mowaffer	موفّر
pagar (vt)	dafaʿ	دفع
pagamento (m)	dafʿ (m)	دفع
troco (m)	el bāʾy (m)	الباقي
imposto (m)	ḍarība (f)	ضريبة
multa (f)	ɣarāma (f)	غرامة
multar (vt)	faraḍ ɣarāma	فرض غرامة

42. Correios. Serviço postal

correios (m pl)	maktab el barīd (m)	مكتب البريد
correio (m)	el barīd (m)	البريد
carteiro (m)	sāʿy el barīd (m)	ساعي البريد
horário (m)	awʾāt el ʿamal (pl)	أوقات العمل
carta (f)	resāla (f)	رسالة
carta (f) registada	resāla mosaggala (f)	رسالة مسجّلة
postal (m)	kart barīdy (m)	كرت بريدي
telegrama (m)	barqiya (f)	برقيّة
encomenda (f) postal	ṭard (m)	طرد
remessa (f) de dinheiro	ḥewāla māliya (f)	حوالة مالية
receber (vt)	estalam	إستلم
enviar (vt)	arsal	أرسل
envio (m)	ersāl (m)	إرسال
endereço (m)	ʿenwān (m)	عنوان
código (m) postal	raqam el barīd (m)	رقم البريد
remetente (m)	morsel (m)	مرسل
destinatário (m)	morsel elayh (m)	مرسل إليه
nome (m)	esm (m)	اسم
apelido (m)	esm el ʿaʾela (m)	اسم العائلة
tarifa (f)	taʿrīfa (f)	تعريفة
ordinário	ʿādy	عادي
económico	mowaffer	موفّر
peso (m)	wazn (m)	وزن
pesar (estabelecer o peso)	wazan	وزن
envelope (m)	ẓarf (m)	ظرف
selo (m)	ṭābeʿ (m)	طابع
colar o selo	alṣaq ṭābeʿ	ألصق طابع

43. Banca

banco (m)	bank (m)	بنك
sucursal, balcão (f)	farʿ (m)	فرع

consultor (m)	mowazzaf bank (m)	موظّف بنك
gerente (m)	modīr (m)	مدير
conta (f)	ḥesāb bank (m)	حساب بنك
número (m) da conta	raqam el ḥesāb (m)	رقم الحساب
conta (f) corrente	ḥesāb gāry (m)	حساب جاري
conta (f) poupança	ḥesāb tawfīr (m)	حساب توّفير
abrir uma conta	fataḥ ḥesāb	فتح حساب
fechar uma conta	'afal ḥesāb	قفل حساب
depositar na conta	awda' fel ḥesāb	أودع في الحساب
levantar (vt)	saḥab men el ḥesāb	سحب من الحساب
depósito (m)	wadee'a (f)	وديعة
fazer um depósito	awda'	أودع
transferência (f) bancária	ḥewāla maṣrefiya (f)	حوالة مصرفيّة
transferir (vt)	ḥawwel	حوّل
soma (f)	mablaɣ (m)	مبلغ
Quanto?	kām?	كام؟
assinatura (f)	tawqee' (m)	توقيع
assinar (vt)	waqqa'	وقّع
cartão (m) de crédito	kredit kard (f)	كريدت كارد
código (m)	kōd (m)	كود
número (m) do cartão de crédito	raqam el kredit kard (m)	رقم الكريدت كارد
Caixa Multibanco (m)	makinet ṣarrāf 'āly (f)	ماكينة صرّاف آلي
cheque (m)	ʃīk (m)	شيك
passar um cheque	katab ʃīk	كتب شيك
livro (m) de cheques	daftar ʃikāt (m)	دفتر شيكات
empréstimo (m)	qarḍ (m)	قرض
pedir um empréstimo	'addem ṭalab 'ala qarḍ	قدّم طلب على قرض
obter um empréstimo	ḥaṣal 'ala qarḍ	حصل على قرض
conceder um empréstimo	edda qarḍ	ادّى قرض
garantia (f)	ḍamān (m)	ضمان

44. Telefone. Conversação telefónica

telefone (m)	telefon (m)	تليفون
telemóvel (m)	mobile (m)	موبايل
secretária (f) electrónica	gehāz radd 'alal mokalmāt (m)	جهاز ردّ على المكالمات
fazer uma chamada	ettaṣal	إتّصل
chamada (f)	mokalma telefoniya (f)	مكالمة تليفونية
marcar um número	ettaṣal be raqam	إتّصل برقم
Alô!	alo!	ألو!
perguntar (vt)	sa'al	سأل
responder (vt)	radd	ردّ
ouvir (vt)	seme'	سمع

bem	kewayes	كويّس
mal	meʃ kowayīs	مش كويّس
ruído (m)	taʃwīʃ (m)	تشويش
auscultador (m)	sammāʿa (f)	سمّاعة
pegar o telefone	rafaʿ el sammāʿa	رفع السمّاعة
desligar (vi)	ʾafal el sammāʿa	قفل السمّاعة
ocupado	maʃɣūl	مشغول
tocar (vi)	rann	رن
lista (f) telefónica	dalīl el telefone (m)	دليل التليفون
local	maḥalliyya	ة محلّيّ
chamada (f) local	mokalma maḥalliya (f)	مكالمة محلّيّة
de longa distância	biʿīd	بعيد
chamada (f) de longa distância	mokalma biʿīda (f)	مكالمة بعيدة المدى
internacional	dowly	دوّلي
chamada (f) internacional	mokalma dowliya (f)	مكالمة دوليّة

45. Telefone móvel

telemóvel (m)	mobile (m)	موبايل
ecrã (m)	ʿarḍ (m)	عرض
botão (m)	zerr (m)	زر
cartão SIM (m)	sim kard (m)	سيم كارد
bateria (f)	baṭṭariya (f)	بطّاريّة
descarregar-se	χelṣet	خلصت
carregador (m)	ʃāḥen (m)	شاحن
menu (m)	qāʾema (f)	قائمة
definições (f pl)	awḍāʿ (pl)	أوضاع
melodia (f)	naɣama (f)	نغمة
escolher (vt)	eχtār	إختار
calculadora (f)	ʾāla ḥasba (f)	آلة حاسبة
correio (m) de voz	barīd ṣawty (m)	بريد صوتي
despertador (m)	monabbeh (m)	منبّه
contatos (m pl)	gehāt el etteṣāl (pl)	جهات الإتّصال
mensagem (f) de texto	resāla ʾaṣīra ɛsɛmɛs (f)	sms رسالة قصيرة
assinante (m)	moʃtarek (m)	مشترك

46. Estacionário

caneta (f)	ʾalam gāf (m)	قلم جاف
caneta (f) tinteiro	ʾalam rīʃa (m)	قلم ريشة
lápis (m)	ʾalam roṣāṣ (m)	قلم رصاص
marcador (m)	markar (m)	ماركر
caneta (f) de feltro	ʾalam fulumaster (m)	قلم فلوماستر

bloco (m) de notas	mozakkera (f)	مذكّرة
agenda (f)	gadwal el a'māl (m)	جدول الأعمال
régua (f)	masṭara (f)	مسطرة
calculadora (f)	'āla ḥasba (f)	آلة حاسبة
borracha (f)	astīka (f)	استيكة
pionés (m)	dabbūs (m)	دبّوس
clipe (m)	dabbūs wara' (m)	دبّوس ورق
cola (f)	ṣamɣ (m)	صمغ
agrafador (m)	dabbāsa (f)	دبّاسة
furador (m)	χarrāma (m)	خرّامة
afia-lápis (m)	barrāya (f)	برّاية

47. Línguas estrangeiras

língua (f)	loɣa (f)	لغة
estrangeiro	agnaby	أجنبيّ
língua (f) estrangeira	loɣa agnabiya (f)	لغة أجنبية
estudar (vt)	daras	درس
aprender (vt)	ta'allam	تعلّم
ler (vt)	'ara	قرأ
falar (vi)	kallem	كلّم
compreender (vt)	fehem	فهم
escrever (vt)	katab	كتب
rapidamente	bosor'a	بسرعة
devagar	bo boṭ'	ببطء
fluentemente	beṭalāqa	بطلاقة
regras (f pl)	qawā'ed (pl)	قواعد
gramática (f)	el naḥw wel ṣarf (m)	النحو والصرف
vocabulário (m)	mofradāt el loɣa (pl)	مفردات اللغة
fonética (f)	ṣawtīāt (pl)	صوتيات
manual (m) escolar	ketāb ta'līm (m)	كتاب تعليم
dicionário (m)	qamūs (m)	قاموس
manual (m) de autoaprendizagem	ketāb ta'līm zāty (m)	كتاب تعليم ذاتي
guia (m) de conversação	ketāb lel 'ebarāt el ʃā'e'a (m)	كتاب للعبارت الشائعة
cassete (f)	kasett (m)	كاسيت
vídeo cassete (m)	ʃerīṭ video (m)	شريط فيديو
CD (m)	sidī (m)	سي دي
DVD (m)	dividī (m)	دي في دي
alfabeto (m)	abgadiya (f)	أبجدية
soletrar (vt)	tahagga	تهجّى
pronúncia (f)	noṭ' (m)	نطق
sotaque (m)	lahga (f)	لهجة
com sotaque	be lahga	بـ لهجة
sem sotaque	men ɣeyr lahga	من غير لهجة

palavra (f)	kelma (f)	كلمة
sentido (m)	ma'na (m)	معنى
cursos (m pl)	dawra (f)	دورة
inscrever-se (vr)	saggel esmo	سجّل إسمه
professor (m)	modarres (m)	مدرّس
tradução (processo)	targama (f)	ترجمة
tradução (texto)	targama (f)	ترجمة
tradutor (m)	motargem (m)	مترجم
intérprete (m)	motargem fawwry (m)	مترجم فوّري
poliglota (m)	'alīm be'eddet loɣāt (m)	عليم بعدّة لغات
memória (f)	zākera (f)	ذاكرة

REFEIÇÕES. RESTAURANTE

48. Por a mesa

colher (f)	maʿlaʾa (f)	معلقة
faca (f)	sekkīna (f)	سكّينة
garfo (m)	ʃawka (f)	شوكة
chávena (f)	fengān (m)	فنجان
prato (m)	ṭabaʾ (m)	طبق
pires (m)	ṭabaʾ fengān (m)	طبق فنجان
guardanapo (m)	mandīl waraʾ (m)	منديل ورق
palito (m)	χallet senān (f)	خلة سنان

49. Restaurante

restaurante (m)	maṭʿam (m)	مطعم
café (m)	ʾahwa (f), kaféih (m)	قهوة, كافيه
bar (m), cervejaria (f)	bār (m)	بار
salão (m) de chá	ṣalone ʃāy (m)	صالون شاي
empregado (m) de mesa	garsone (m)	جرسون
empregada (f) de mesa	garsona (f)	جرسونة
barman (m)	bārman (m)	بارمان
ementa (f)	qāʾemet el ṭaʿām (f)	قائمة طعام
lista (f) de vinhos	qāʾemet el χomūr (f)	قائمة خمور
reservar uma mesa	ḥagaz sofra	حجز سفرة
prato (m)	wagba (f)	وجبة
pedir (vt)	ṭalab	طلب
fazer o pedido	ṭalab	طلب
aperitivo (m)	ʃarāb (m)	شراب
entrada (f)	moqabbelāt (pl)	مقبّلات
sobremesa (f)	ḥalawīāt (pl)	حلويّات
conta (f)	ḥesāb (m)	حساب
pagar a conta	dafaʿ el ḥesāb	دفع الحساب
dar o troco	edda el bāʾy	ادّي الباقي
gorjeta (f)	baʾʃīʃ (m)	بقشيش

50. Refeições

comida (f)	akl (m)	أكل
comer (vt)	akal	أكل

pequeno-almoço (m)	foṭūr (m)	فطور
tomar o pequeno-almoço	feṭer	فطر
almoço (m)	ɣada' (m)	غداء
almoçar (vi)	etɣadda	إتغدّى
jantar (m)	'aʃā' (m)	عشاء
jantar (vi)	et'asʃa	إتعشّى
apetite (m)	ʃahiya (f)	شهيّة
Bom apetite!	bel hana wel ʃefa!	!بالهنا و الشفا
abrir (~ uma lata, etc.)	fataḥ	فتح
derramar (vt)	dala'	دلق
derramar-se (vr)	dala'	دلق
ferver (vi)	ɣely	غلى
ferver (vt)	ɣely	غلى
fervido	maɣly	مغلي
arrefecer (vt)	barrad	برّد
arrefecer-se (vr)	barrad	برّد
sabor, gosto (m)	ṭa'm (m)	طعم
gostinho (m)	ṭa'm ma ba'd el mazāq (m)	طعم ما بعد المذاق
fazer dieta	χass	خسّ
dieta (f)	reʒīm (m)	رجيم
vitamina (f)	vitamīn (m)	فيتامين
caloria (f)	so'ra ḥarāriya (f)	سعرة حراريّة
vegetariano (m)	nabāty (m)	نباتي
vegetariano	nabāty	نباتي
gorduras (f pl)	dohūn (pl)	دهون
proteínas (f pl)	brotenāt (pl)	بروتينات
carboidratos (m pl)	naʃawīāt (pl)	نشويّات
fatia (~ de limão, etc.)	ʃarīḥa (f)	شريحة
pedaço (~ de bolo)	'eṭ'a (f)	قطعة
migalha (f)	fattāta (f)	فتاتة

51. Pratos cozinhados

prato (m)	wagba (f)	وجبة
cozinha (~ portuguesa)	maṭbaχ (m)	مطبخ
receita (f)	waṣfa (f)	وصفة
porção (f)	naṣīb (m)	نصيب
salada (f)	solṭa (f)	سلطة
sopa (f)	ʃorba (f)	شوربة
caldo (m)	mara'a (m)	مرقة
sandes (f)	sandawitʃ (m)	ساندويتش
ovos (m pl) estrelados	beyḍ ma'ly (m)	بيض مقلي
hambúrguer (m)	hamburger (m)	هامبورجر
bife (m)	steak laḥm (m)	ستيك لحم
conduto (m)	ṭaba' gāneby (m)	طبق جانبي

espaguete (m)	spaɣetti (m)	سباجيتي
puré (m) de batata	baṭāṭes mahrūsa (f)	بطاطس مهروسة
pizza (f)	bītza (f)	بيتزا
papa (f)	ʿaṣīda (f)	عصيدة
omelete (f)	omlette (m)	اومليت
cozido em água	maslūʾ	مسلوق
fumado	modakχen	مدخّن
frito	maʾly	مقلي
seco	mogaffaf	مجفّف
congelado	mogammad	مجمّد
em conserva	meχallel	مخلّل
doce (açucarado)	mesakkar	مسكّر
salgado	māleḥ	مالح
frio	bāred	بارد
quente	soχn	سخن
amargo	morr	مرّ
gostoso	ḥelw	حلو
cozinhar (em água a ferver)	salaʾ	سلق
fazer, preparar (vt)	ḥaḍḍar	حضّر
fritar (vt)	ʾala	قلي
aquecer (vt)	sakχan	سخّن
salgar (vt)	rasʃ malḥ	رشّ ملح
apimentar (vt)	rasʃ felfel	رشّ فلفل
ralar (vt)	baraʃ	برش
casca (f)	ʾeʃra (f)	قشرة
descascar (vt)	ʾasʃar	قشّر

52. Comida

carne (f)	laḥma (f)	لحمة
galinha (f)	ferāχ (m)	فراخ
frango (m)	farrūg (m)	فرّوج
pato (m)	baṭṭa (f)	بطّة
ganso (m)	wezza (f)	وزّة
caça (f)	ṣeyd (m)	صيد
peru (m)	dīk rūmy (m)	ديك رومي
carne (f) de porco	laḥm el χanazīr (m)	لحم الخنزير
carne (f) de vitela	laḥm el ʿegl (m)	لحم العجل
carne (f) de carneiro	laḥm ḍāny (m)	لحم ضاني
carne (f) de vaca	laḥm baqary (m)	لحم بقري
carne (f) de coelho	laḥm arāneb (m)	لحم أرانب
chouriço, salsichão (m)	sogoʾʾ (m)	سجق
salsicha (f)	sogoʾʾ (m)	سجق
bacon (m)	bakon (m)	بيكون
fiambre (f)	hām(m)	هام
presunto (m)	faχd χanzīr (m)	فخد خنزير
patê (m)	maʿgūn laḥm (m)	معجون لحم
fígado (m)	kebda (f)	كبدة

carne (f) moída	hamburger (m)	هامبورجر
língua (f)	lesān (m)	لسان
ovo (m)	beyḍa (f)	بيضة
ovos (m pl)	beyḍ (m)	بيض
clara (f) do ovo	bayāḍ el beyḍ (m)	بياض البيض
gema (f) do ovo	ṣafār el beyḍ (m)	صفار البيض
peixe (m)	samak (m)	سمك
mariscos (m pl)	sīfūd (pl)	سي فود
caviar (m)	kaviar (m)	كافيار
caranguejo (m)	kaboria (m)	كابوريا
camarão (m)	gammbary (m)	جمّبري
ostra (f)	maḥār (m)	محار
lagosta (f)	estakoza (m)	استاكوزا
polvo (m)	axṭabūṭ (m)	أخطبوط
lula (f)	kalmāry (m)	كالماري
esturjão (m)	samak el ḥafʃ (m)	سمك الحفش
salmão (m)	salamon (m)	سلمون
halibute (m)	samak el halbūt (m)	سمك الهلبوت
bacalhau (m)	samak el qadd (m)	سمك القد
cavala, sarda (f)	makerel (m)	ماكريل
atum (m)	tuna (f)	تونة
enguia (f)	ḥankalīs (m)	حنكليس
truta (f)	salamon mera"aṭ (m)	سلمون مرقّط
sardinha (f)	sardīn (m)	سردين
lúcio (m)	samak el karāky (m)	سمك الكراكي
arenque (m)	renga (f)	رنجة
pão (m)	ʿeyʃ (m)	عيش
queijo (m)	gebna (f)	جبنة
açúcar (m)	sokkar (m)	سكّر
sal (m)	melḥ (m)	ملح
arroz (m)	rozz (m)	رزّ
massas (f pl)	makaruna (f)	مكرونة
talharim (m)	nūdles (f)	نودلز
manteiga (f)	zebda (f)	زبدة
óleo (m) vegetal	zeyt (m)	زيت
óleo (m) de girassol	zeyt ʿabbād el ʃams (m)	زيت عبّاد الشمس
margarina (f)	margarīn (m)	مارجرين
azeitonas (f pl)	zaytūn (m)	زيتون
azeite (m)	zeyt el zaytūn (m)	زيت الزيتون
leite (m)	laban (m)	لبن
leite (m) condensado	ḥalīb mokassaf (m)	حليب مكثّف
iogurte (m)	zabādy (m)	زبادي
nata (f) azeda	kreyma ḥamḍa (f)	كريمة حامضة
nata (f) do leite	krīma (f)	كريمة
maionese (f)	mayonnɛ:z (m)	مايونيز

creme (m)	krīmet zebda (f)	كريمة زبدة
grãos (m pl) de cereais	ḥobūb 'amḥ (pl)	حبوب قمح
farinha (f)	de'ī' (m)	دقيق
enlatados (m pl)	mo'allabāt (pl)	معلّبات
flocos (m pl) de milho	korn fleks (m)	كورن فليكس
mel (m)	'asal (m)	عسل
doce (m)	mrabba (m)	مربّى
pastilha (f) elástica	lebān (m)	لبان

53. Bebidas

água (f)	meyāh (f)	مياه
água (f) potável	mayet ʃorb (m)	ميّة شرب
água (f) mineral	maya ma'daniya (f)	ميّة معدنية
sem gás	rakeda	راكدة
gaseificada	kanz	كانز
com gás	kanz	كانز
gelo (m)	talg (m)	ثلج
com gelo	bel talg	بالتلج
sem álcool	men ɣeyr koḥūl	من غير كحول
bebida (f) sem álcool	maʃrūb ɣāzy (m)	مشروب غازي
refresco (m)	ḥāga sa''a (f)	حاجة ساقعة
limonada (f)	limonāta (f)	ليموناتة
bebidas (f pl) alcoólicas	maʃrūbāt koḥūliya (pl)	مشروبات كحولية
vinho (m)	χamra (f)	خمرة
vinho (m) branco	nebīz abyaḍ (m)	نبيذ أبيض
vinho (m) tinto	nebī aḥmar (m)	نبيذ أحمر
licor (m)	liqure (m)	ليكيور
champanhe (m)	ʃambania (f)	شمبانيا
vermute (m)	vermote (m)	فيرموت
uísque (m)	wiski (m)	ويسكي
vodka (f)	vodka (f)	فودكا
gim (m)	ʒin (m)	جين
conhaque (m)	konyāk (m)	كونياك
rum (m)	rum (m)	رم
café (m)	'ahwa (f)	قهوة
café (m) puro	'ahwa sāda (f)	قهوة سادة
café (m) com leite	'ahwa bel ḥalīb (f)	قهوة بالحليب
cappuccino (m)	kaputʃino (m)	كابتشينو
café (m) solúvel	neskafe (m)	نيسكافيه
leite (m)	laban (m)	لبن
coquetel (m)	koktayl (m)	كوكتيل
batido (m) de leite	milk ʃejk (m)	ميلك شيك
sumo (m)	'aṣīr (m)	عصير
sumo (m) de tomate	'aṣīr ṭamāṭem (m)	عصير طماطم

sumo (m) de laranja	'aṣīr bortoqāl (m)	عصير برتقال
sumo (m) fresco	'aṣīr freʃ (m)	عصير فريش
cerveja (f)	bīra (f)	بيرة
cerveja (f) clara	bīra χafīfa (f)	بيرة خفيفة
cerveja (f) preta	bīra ɣam'a (f)	بيرة غامقة
chá (m)	ʃāy (m)	شاي
chá (m) preto	ʃāy aḥmar (m)	شاي أحمر
chá (m) verde	ʃāy aχḍar (m)	شاي أخضر

54. Vegetais

legumes (m pl)	χoḍār (pl)	خضار
verduras (f pl)	χoḍrawāt waraqiya (pl)	خضروات ورقية
tomate (m)	ṭamāṭem (f)	طماطم
pepino (m)	χeyār (m)	خيار
cenoura (f)	gazar (m)	جزر
batata (f)	baṭāṭes (f)	بطاطس
cebola (f)	baṣal (m)	بصل
alho (m)	tūm (m)	ثوم
couve (f)	koronb (m)	كرنب
couve-flor (f)	'arnabīṭ (m)	قرنبيط
couve-de-bruxelas (f)	koronb broksel (m)	كرنب بروكسل
brócolos (m pl)	brokkoli (m)	بركولي
beterraba (f)	bangar (m)	بنجر
beringela (f)	bātengān (m)	باذنجان
curgete (f)	kōsa (f)	كوسة
abóbora (f)	qar' 'asaly (m)	قرع عسلي
nabo (m)	left (m)	لفت
salsa (f)	ba'dūnes (m)	بقدونس
funcho, endro (m)	ʃabat (m)	شبت
alface (f)	χass (m)	خسّ
aipo (m)	karfas (m)	كرفس
espargo (m)	helione (m)	هليون
espinafre (m)	sabāneχ (m)	سبانخ
ervilha (f)	besella (f)	بسلّة
fava (f)	fūl (m)	فول
milho (m)	dora (f)	ذرة
feijão (m)	faṣolya (f)	فاصوليا
pimentão (m)	felfel (m)	فلفل
rabanete (m)	fegl (m)	فجل
alcachofra (f)	χarʃūf (m)	خرشوف

55. Frutos. Nozes

fruta (f)	faχa (f)	فاكهة
maçã (f)	toffāḥa (f)	تفّاحة

pera (f)	komettra (f)	كمّثرى
limão (m)	lymūn (m)	ليمون
laranja (f)	bortoqāl (m)	برتقال
morango (m)	farawla (f)	فراولة
tangerina (f)	yosfy (m)	يوسفي
ameixa (f)	bar'ū' (m)	برقوق
pêssego (m)	χawχa (f)	خوخة
damasco (m)	meʃmeʃ (f)	مشمش
framboesa (f)	tūt el 'alī' el aḥmar (m)	توت العليق الأحمر
ananás (m)	ananās (m)	أناناس
banana (f)	moze (m)	موز
melancia (f)	baṭṭīχ (m)	بطّيخ
uva (f)	'enab (m)	عنب
ginja, cereja (f)	karaz (m)	كرز
meloa (f)	ʃammām (f)	شمّام
toranja (f)	grabe frūt (m)	جريب فروت
abacate (m)	avokado (f)	افوكاتو
papaia (f)	babāya (m)	ببايا
manga (f)	manga (m)	مانجة
romã (f)	rommān (m)	رمان
groselha (f) vermelha	keʃmeʃ aḥmar (m)	كشمش أحمر
groselha (f) preta	keʃmeʃ aswad (m)	كشمش أسود
groselha (f) espinhosa	'enab el sa'lab (m)	عنب الثعلب
mirtilo (m)	'enab al aḥrāg (m)	عنب الأحراج
amora silvestre (f)	tūt aswad (m)	توت أسود
uvas (f pl) passas	zebīb (m)	زبيب
figo (m)	tīn (m)	تين
tâmara (f)	tamr (m)	تمر
amendoim (m)	fūl sudāny (m)	فول سوداني
amêndoa (f)	loze (m)	لوز
noz (f)	'eyn gamal (f)	عين الجمل
avelã (f)	bondo' (m)	بندق
coco (m)	goze el hend (m)	جوز هند
pistáchios (m pl)	fosto' (m)	فستق

56. Pão. Bolaria

pastelaria (f)	ḥalawīāt (pl)	حلويّات
pão (m)	'eyʃ (m)	عيش
bolacha (f)	baskawīt (m)	بسكويت
chocolate (m)	ʃokolāta (f)	شكولاتة
de chocolate	bel ʃokolāṭa	بالشكولاتة
rebuçado (m)	bonbony (m)	بونبوني
bolo (cupcake, etc.)	keyka (f)	كيكة
bolo (m) de aniversário	torta (f)	تورتة
tarte (~ de maçã)	feṭīra (f)	فطيرة
recheio (m)	ḥaʃwa (f)	حشوة

doce (m)	mrabba (m)	مربّى
geleia (f) de frutas	marmalād (f)	مرملاد
waffle (m)	waffles (pl)	وافلز
gelado (m)	'ays krīm (m)	آيس كريم
pudim (m)	būding (m)	بودنج

57. Especiarias

sal (m)	melḥ (m)	ملح
salgado	māleḥ	مالِح
salgar (vt)	rasʃ malḥ	رشّ ملح
pimenta (f) preta	felfel aswad (m)	فلفل أسوّد
pimenta (f) vermelha	felfel aḥmar (m)	فلفل أحمر
mostarda (f)	mosṭarda (m)	مسطردة
raiz-forte (f)	fegl ḥār (m)	فجل حار
condimento (m)	bahār (m)	بهار
especiaria (f)	bahār (m)	بهار
molho (m)	ṣalṣa (f)	صلصة
vinagre (m)	χall (m)	خلّ
anis (m)	yansūn (m)	ينسون
manjericão (m)	rīḥān (m)	ريحان
cravo (m)	'oronfol (m)	قرنفل
gengibre (m)	zangabīl (m)	زنجبيل
coentro (m)	kozbora (f)	كزبرة
canela (f)	'erfa (f)	قرفة
sésamo (m)	semsem (m)	سمسم
folhas (f pl) de louro	wara' el ɣār (m)	ورق الغار
páprica (f)	babrika (f)	بابريكا
cominho (m)	karawya (f)	كراوية
açafrão (m)	za'farān (m)	زعفران

INFORMAÇÃO PESSOAL. FAMÍLIA

58. Informação pessoal. Formulários

nome (m)	esm (m)	اسم
apelido (m)	esm el ʿaʾela (m)	اسم العائلة
data (f) de nascimento	tarīχ el melād (m)	تاريخ الميلاد
local (m) de nascimento	makān el melād (m)	مكان الميلاد
nacionalidade (f)	gensiya (f)	جنسيّة
lugar (m) de residência	maqarr el eqāma (m)	مقرّ الإقامة
país (m)	balad (m)	بلد
profissão (f)	mehna (f)	مهنة
sexo (m)	ginss (m)	جنس
estatura (f)	ṭūl (m)	طول
peso (m)	wazn (m)	وزن

59. Membros da família. Parentes

mãe (f)	walda (f)	والدة
pai (m)	wāled (m)	والد
filho (m)	walad (m)	ولد
filha (f)	bent (f)	بنت
filha (f) mais nova	el bent el saɣīra (f)	البنت الصغيرة
filho (m) mais novo	el ebn el saɣīr (m)	الابن الصغير
filha (f) mais velha	el bent el kebīra (f)	البنت الكبيرة
filho (m) mais velho	el ebn el kabīr (m)	الابن الكبير
irmão (m)	aχ (m)	أخ
irmão (m) mais velho	el aχ el kibīr (m)	الأخ الكبير
irmão (m) mais novo	el aχ el ṣoɣeyyir (m)	الأخ الصغير
irmã (f)	oχt (f)	أخت
irmã (f) mais velha	el uχt el kibīra (f)	الأخت الكبيرة
irmã (f) mais nova	el uχt el ṣoɣeyyira (f)	الأخت الصغيرة
primo (m)	ibn ʿamm (m), ibn χāl (m)	إبن عمّ, إبن خال
prima (f)	bint ʿamm (f), bint χāl (f)	بنت عم, بنت خال
mamã (f)	mama (f)	ماما
papá (m)	baba (m)	بابا
pais (pl)	waldeyn (du)	والدين
criança (f)	ṭefl (m)	طفل
crianças (f pl)	aṭfāl (pl)	أطفال
avó (f)	gedda (f)	جدّة
avô (m)	gadd (m)	جدّ
neto (m)	ḥafīd (m)	حفيد

neta (f)	ḥafīda (f)	حفيدة
netos (pl)	aḥfād (pl)	أحفاد
tio (m)	ʿamm (m), χāl (m)	عمّ, خال
tia (f)	ʿamma (f), χāla (f)	عمّة, خالة
sobrinho (m)	ibn el aχ (m), ibn el uχt (m)	إبن الأخ, إبن الأخت
sobrinha (f)	bint el aχ (f), bint el uχt (f)	بنت الأخ, بنت الأخت
sogra (f)	ḥamah (f)	حماة
sogro (m)	ḥama (m)	حما
genro (m)	goze el bent (m)	جوز البنت
madrasta (f)	merāt el abb (f)	مرات الأب
padrasto (m)	goze el omm (m)	جوز الأم
criança (f) de colo	ṭefl raḍeeʿ (m)	طفل رضيع
bebé (m)	mawlūd (m)	مولود
menino (m)	walad ṣaγīr (m)	ولد صغير
mulher (f)	goza (f)	جوزة
marido (m)	goze (m)	جوز
esposo (m)	goze (m)	جوز
esposa (f)	goza (f)	جوزة
casado	metgawwez	متجوّز
casada	metgawweza	متجوّزة
solteiro	aʿzab	أعزب
solteirão (m)	aʿzab (m)	أعزب
divorciado	moṭallaq (m)	مطلّق
viúva (f)	armala (f)	أرملة
viúvo (m)	armal (m)	أرمل
parente (m)	ʾarīb (m)	قريب
parente (m) próximo	nesīb ʾarīb (m)	نسيب قريب
parente (m) distante	nesīb beʿīd (m)	نسيب بعيد
parentes (m pl)	aqāreb (pl)	أقارب
órfão (m), órfã (f)	yatīm (m)	يتيم
tutor (m)	walyī amr (m)	ولي أمر
adotar (um filho)	tabanna	تبنّى
adotar (uma filha)	tabanna	تبنّى

60. Amigos. Colegas de trabalho

amigo (m)	ṣadīq (m)	صديق
amiga (f)	ṣadīqa (f)	صديقة
amizade (f)	ṣadāqa (f)	صداقة
ser amigos	ṣādaq	صادق
amigo (m)	ṣāḥeb (m)	صاحب
amiga (f)	ṣaḥba (f)	صاحبة
parceiro (m)	rafīʾ (m)	رفيق
chefe (m)	raʾīs (m)	رئيس
superior (m)	el arfaʿ maqāman (m)	الأرفع مقاماً
proprietário (m)	ṣāḥib (m)	صاحب

subordinado (m)	tābeʿ (m)	تابع
colega (m)	zamīl (m)	زميل
conhecido (m)	maʿrefa (m)	معرفة
companheiro (m) de viagem	rafīʾ safar (m)	رفيق سفر
colega (m) de classe	zamīl fel ṣaff (m)	زميل في الصفّ
vizinho (m)	gār (m)	جار
vizinha (f)	gāra (f)	جارة
vizinhos (pl)	gerān (pl)	جيران

CORPO HUMANO. MEDICINA

61. Cabeça

cabeça (f)	ra’s (m)	رأس
cara (f)	weʃ (m)	وش
nariz (m)	manaχīr (m)	مناخير
boca (f)	bo’ (m)	بوء
olho (m)	‘eyn (f)	عين
olhos (m pl)	‘oyūn (pl)	عيون
pupila (f)	ḥad’a (f)	حدقة
sobrancelha (f)	ḥāgeb (m)	حاجب
pestana (f)	remʃ (m)	رمش
pálpebra (f)	gefn (m)	جفن
língua (f)	lesān (m)	لسان
dente (m)	senna (f)	سنّة
lábios (m pl)	ʃafāyef (pl)	شفايف
maçãs (f pl) do rosto	‘aḍmet el χadd (f)	عضمة الخدّ
gengiva (f)	lassa (f)	لثّة
palato (m)	ḥanak (m)	حنك
narinas (f pl)	manaχer (pl)	مناخر
queixo (m)	da’’n (m)	دقن
mandíbula (f)	fakk (m)	فكّ
bochecha (f)	χadd (m)	خدّ
testa (f)	gabha (f)	جبهة
têmpora (f)	ṣedɣ (m)	صدغ
orelha (f)	wedn (f)	ودن
nuca (f)	’afa (m)	قفا
pescoço (m)	ra’aba (f)	رقبة
garganta (f)	zore (m)	زور
cabelos (m pl)	ʃa‘r (m)	شعر
penteado (m)	tasrīḥa (f)	تسريحة
corte (m) de cabelo	tasrīḥa (f)	تسريحة
peruca (f)	barūka (f)	باروكة
bigode (m)	ʃanab (pl)	شنب
barba (f)	leḥya (f)	لحية
usar, ter (~ barba, etc.)	‘ando	عنده
trança (f)	ḍefīra (f)	ضفيرة
suíças (f pl)	sawālef (pl)	سوالف
ruivo	aḥmar el ʃa‘r	أحمر الشعر
grisalho	ʃa‘r abyaḍ	شعر أبيض
calvo	aṣla‘	أصلع
calva (f)	ṣala‘ (m)	صلع

rabo-de-cavalo (m)	deyl ḥoṣān (m)	ديل حصان
franja (f)	ʾoṣṣa (f)	قصّة

62. Corpo humano

mão (f)	yad (m)	يد
braço (m)	derāʿ (f)	دراع
dedo (m)	ṣobāʿ (m)	صباع
dedo (m) do pé	ṣobāʿ el ʾadam (m)	صباع القدم
polegar (m)	ebhām (m)	إبهام
dedo (m) mindinho	χonṣor (m)	خنصر
unha (f)	ḍefr (m)	ضفر
punho (m)	qabḍa (f)	قبضة
palma (f) da mão	kaff (f)	كفّ
pulso (m)	meʿṣam (m)	معصم
antebraço (m)	sāʿed (m)	ساعد
cotovelo (m)	kūʿ (m)	كوع
ombro (m)	ketf (f)	كتف
perna (f)	regl (f)	رجل
pé (m)	qadam (f)	قدم
joelho (m)	rokba (f)	ركبة
barriga (f) da perna	semmāna (f)	سمّانة
anca (f)	faχd (f)	فخد
calcanhar (m)	kaʿb (m)	كعب
corpo (m)	gesm (m)	جسم
barriga (f)	baṭn (m)	بطن
peito (m)	ṣedr (m)	صدر
seio (m)	sady (m)	ثدي
lado (m)	ganb (m)	جنب
costas (f pl)	ḍahr (m)	ضهر
região (f) lombar	asfal el ḍahr (m)	أسفل الضهر
cintura (f)	wesṭ (f)	وسط
umbigo (m)	sorra (f)	سرّة
nádegas (f pl)	ardāf (pl)	أرداف
traseiro (m)	debr (m)	دبر
sinal (m)	ʃāma (f)	شامة
sinal (m) de nascença	waḥma	وحمة
tatuagem (f)	waʃm (m)	وشم
cicatriz (f)	nadba (f)	ندبة

63. Doenças

doença (f)	maraḍ (m)	مرض
estar doente	mereḍ	مرض
saúde (f)	ṣeḥḥa (f)	صحّة
nariz (m) a escorrer	raʃ-ḥ fel anf (m)	رشح في الأنف

amigdalite (f)	eltehāb el lawzateyn (m)	إلتهاب اللوزتين
constipação (f)	zokām (m)	زكام
constipar-se (vr)	gālo bard	جاله برد
bronquite (f)	eltehāb ʃoʿaby (m)	إلتهاب شعبيّ
pneumonia (f)	eltehāb raʾawy (m)	إلتهاب رئوي
gripe (f)	influenza (f)	إنفلونزا
míope	ʾaṣīr el naẓar	قصير النظر
presbita	beʿīd el naẓar	بعيد النظر
estrabismo (m)	ḥawal (m)	حوَل
estrábico	aḥwal	أحوَل
catarata (f)	katarakt (f)	كاتاراكت
glaucoma (m)	glawkoma (f)	جلوكوما
AVC (m), apoplexia (f)	sakta (f)	سكتة
ataque (m) cardíaco	azma ʾalbiya (f)	أزمة قلبية
enfarte (m) do miocárdio	nawba ʾalbiya (f)	نوبة قلبية
paralisia (f)	ʃalal (m)	شلل
paralisar (vt)	ʃall	شلّ
alergia (f)	ḥasasiya (f)	حساسيّة
asma (f)	rabw (m)	ربو
diabetes (f)	dāʾ el sokkary (m)	داء السكّري
dor (f) de dentes	alam asnān (m)	ألم الأسنان
cárie (f)	naχr el asnān (m)	نخر الأسنان
diarreia (f)	es-hāl (m)	إسهال
prisão (f) de ventre	emsāk (m)	إمساك
desarranjo (m) intestinal	eḍṭrāb el meʿda (m)	إضطراب المعدة
intoxicação (f) alimentar	tasammom (m)	تسمم
intoxicar-se	etsammem	إتسمّم
artrite (f)	eltehāb el mafāṣel (m)	إلتهاب المفاصل
raquitismo (m)	kosāḥ el aṭfāl (m)	كساح الأطفال
reumatismo (m)	rheumatism (m)	روماتزم
arteriosclerose (f)	taṣṣallob el ʃarayīn (m)	تصلّب الشرايين
gastrite (f)	eltehāb el meʿda (m)	إلتهاب المعدة
apendicite (f)	eltehāb el zayda el dūdiya (m)	إلتهاب الزائدة الدودية
colecistite (f)	eltehāb el marāra (m)	إلتهاب المرارة
úlcera (f)	qorḥa (f)	قرحة
sarampo (m)	maraḍ el ḥaṣba (m)	مرض الحصبة
rubéola (f)	el ḥaṣba el almaniya (f)	الحصبة الألمانية
iterícia (f)	yaraqān (m)	يرقان
hepatite (f)	eltehāb el kabed el vayrūsy (m)	إلتهاب الكبد الفيروسي
esquizofrenia (f)	fuṣām (m)	فصام
raiva (f)	dāʾ el kalb (m)	داء الكلب
neurose (f)	eḍṭrāb ʿaṣaby (m)	إضطراب عصبي
comoção (f) cerebral	ertegāg el moχ (m)	إرتجاج المخ
cancro (m)	saraṭān (m)	سرطان
esclerose (f)	taṣṣallob (m)	تصلّب

esclerose (f) múltipla	taṣṣallob mota'added (m)	تصلّب متعدّد
alcoolismo (m)	edmān el χamr (m)	إدمان الخمر
alcoólico (m)	modmen el χamr (m)	مدمن الخمر
sífilis (f)	syfilis el zehry (m)	سفلس الزهري
SIDA (f)	el eydz (m)	الايدز
tumor (m)	waram (m)	ورم
maligno	χabīs	خبيث
benigno	ḥamīd (m)	حميد
febre (f)	ḥomma (f)	حمّى
malária (f)	malaria (f)	ملاريا
gangrena (f)	ɣanɣarīna (f)	غنغرينا
enjoo (m)	dawār el baḥr (m)	دوار البحر
epilepsia (f)	maraḍ el ṣara' (m)	مرض الصرع
epidemia (f)	wabā' (m)	وباء
tifo (m)	tyfus (m)	تيفوس
tuberculose (f)	maraḍ el soll (m)	مرض السلّ
cólera (f)	kōlīra (f)	كوليرا
peste (f)	ṭa'ūn (m)	طاعون

64. Sintomas. Tratamentos. Parte 1

sintoma (m)	'araḍ (m)	عرض
temperatura (f)	ḥarāra (f)	حرارة
febre (f)	ḥomma (f)	حمّى
pulso (m)	nabḍ (m)	نبض
vertigem (f)	dawχa (f)	دوخة
quente (testa, etc.)	soχn	سخن
calafrio (m)	ra'ʃa (f)	رعشة
pálido	aṣfar	أصفر
tosse (f)	koḥḥa (f)	كحّة
tossir (vi)	kaḥḥ	كحّ
espirrar (vi)	'aṭas	عطس
desmaio (m)	dawχa (f)	دوخة
desmaiar (vi)	oɣma 'aleyh	أغمي عليه
nódoa (f) negra	kadma (f)	كدمة
galo (m)	tawarrom (m)	تورّم
magoar-se (vr)	etχabaṭ	إتخبط
pisadura (f)	raḍḍa (f)	رضّة
aleijar-se (vr)	etkadam	إتكدم
coxear (vi)	'arag	عرج
deslocação (f)	χal' (m)	خلع
deslocar (vt)	χala'	خلع
fratura (f)	kasr (m)	كسر
fraturar (vt)	enkasar	إنكسر
corte (m)	garḥ (m)	جرح
cortar-se (vr)	garaḥ nafsoh	جرح نفسه

hemorragia (f)	nazīf (m)	نزيف
queimadura (f)	ḥar' (m)	حرق
queimar-se (vr)	et-ḥara'	إتحرق
picar (vt)	waχaz	وخز
picar-se (vr)	waχaz nafso	وخز نفسه
lesionar (vt)	aṣāb	أصاب
lesão (m)	eṣāba (f)	إصابة
ferida (f), ferimento (m)	garḥ (m)	جرح
trauma (m)	ṣadma (f)	صدمة
delirar (vi)	haza	هذى
gaguejar (vi)	tala'sam	تلعثم
insolação (f)	ḍarabet ʃams (f)	ضربة شمس

65. Sintomas. Tratamentos. Parte 2

dor (f)	alam (m)	ألم
farpa (no dedo)	ʃazya (f)	شظية
suor (m)	'er' (m)	عرق
suar (vi)	'ere'	عرق
vómito (m)	targee' (m)	ترجيع
convulsões (f pl)	taʃonnogāt (pl)	تشنّجات
grávida	ḥāmel	حامل
nascer (vi)	etwalad	اتولّد
parto (m)	welāda (f)	ولادة
dar à luz	walad	ولد
aborto (m)	eg-hāḍ (m)	إجهاض
respiração (f)	tanaffos (m)	تنفّس
inspiração (f)	estenʃāq (m)	إستنشاق
expiração (f)	zafīr (m)	زفير
expirar (vi)	zafar	زفر
inspirar (vi)	estanʃaq	إستنشق
inválido (m)	mo'āq (m)	معاق
aleijado (m)	moq'ad (m)	مقعد
toxicodependente (m)	modmen moχaddarāt (m)	مدمن مخدّرات
surdo	aṭraʃ	أطرش
mudo	aχras	أخرس
surdo-mudo	aṭraʃ aχras	أطرش أخرس
louco (adj.)	magnūn	مجنون
louco (m)	magnūn (m)	مجنون
louca (f)	magnūna (f)	مجنونة
ficar louco	etgannen	اتجنّن
gene (m)	ʒīn (m)	جين
imunidade (f)	manā'a (f)	مناعة
hereditário	werāsy	وراثي
congénito	χolqy men el welāda	خلقي من الولادة

vírus (m)	virūs (m)	فيروس
micróbio (m)	mikrūb (m)	ميكروب
bactéria (f)	garsūma (f)	جرثومة
infeção (f)	ʿadwa (f)	عدوى

66. Sintomas. Tratamentos. Parte 3

hospital (m)	mostaʃfa (m)	مستشفى
paciente (m)	marīḍ (m)	مريض
diagnóstico (m)	taʃχīṣ (m)	تشخيص
cura (f)	ʃefāʾ (m)	شفاء
tratamento (m) médico	ʿelāg ṭebby (m)	علاج طبي
curar-se (vr)	etʿāleg	اتعالج
tratar (vt)	ʿālag	عالج
cuidar (pessoa)	marraḍ	مرّض
cuidados (m pl)	ʿenāya (f)	عناية
operação (f)	ʿamaliya grāḥiya (f)	عمليّة جراحية
enfaixar (vt)	ḍammad	ضمّد
enfaixamento (m)	taḍmīd (m)	تضميد
vacinação (f)	talqīḥ (m)	تلقيح
vacinar (vt)	laqqaḥ	لقّح
injeção (f)	ḥoʾna (f)	حقنة
dar uma injeção	ḥaʾan ebra	حقن إبرة
ataque (~ de asma, etc.)	nawba (f)	نوبة
amputação (f)	batr (m)	بتر
amputar (vt)	batr	بتر
coma (f)	ɣaybūba (f)	غيبوبة
estar em coma	kān fi ḥālet ɣaybūba	كان في حالة غيبوبة
reanimação (f)	el ʿenāya el morakkaza (f)	العناية المركّزة
recuperar-se (vr)	ʃefy	شفي
estado (~ de saúde)	ḥāla (f)	حالة
consciência (f)	waʿy (m)	وعي
memória (f)	zākera (f)	ذاكرة
tirar (vt)	χalaʿ	خلع
chumbo (m), obturação (f)	ḥaʃww (m)	حشوّ
chumbar, obturar (vt)	ḥaʃa	حشا
hipnose (f)	el tanwīm el meɣnaṭīsy (m)	التنويم المغناطيسي
hipnotizar (vt)	nawwem	نوّم

67. Medicina. Drogas. Acessórios

medicamento (m)	dawāʾ (m)	دواء
remédio (m)	ʿelāg (m)	علاج
receitar (vt)	waṣaf	وصف
receita (f)	waṣfa (f)	وصفة

comprimido (m)	'orṣ (m)	قرص
pomada (f)	marham (m)	مرهم
ampola (f)	ambūla (f)	أمبولة
preparado (m)	dawā' ʃorb (m)	دواء شراب
xarope (m)	ʃarāb (m)	شراب
cápsula (f)	ḥabba (f)	حبّة
remédio (m) em pó	zorūr (m)	ذرور
ligadura (f)	ḍammāda ʃāʃ (f)	ضمادة شاش
algodão (m)	'oṭn (m)	قطن
iodo (m)	yūd (m)	يود
penso (m) rápido	blaster (m)	بلاستر
conta-gotas (m)	'aṭṭāra (f)	قطّارة
termómetro (m)	termometr (m)	ترمومتر
seringa (f)	serennga (f)	سرنّجة
cadeira (f) de rodas	korsy motaḥarrek (m)	كرسي متحرك
muletas (f pl)	ʿokkāz (m)	عكّاز
analgésico (m)	mosakken (m)	مسكّن
laxante (m)	molayen (m)	مليّن
álcool (m) etílico	etanol (m)	إيثانول
ervas (f pl) medicinais	aʿʃāb ṭebbiya (pl)	أعشاب طبّية
de ervas (chá ~)	ʿoʃby	عشبي

APARTAMENTO

68. Apartamento

apartamento (m)	ʃa"a (f)	شقّة
quarto (m)	oḍa (f)	أوضة
quarto (m) de dormir	oḍet el nome (f)	أوضة النوم
sala (f) de jantar	oḍet el sofra (f)	أوضة السفرة
sala (f) de estar	oḍet el esteqbāl (f)	أوضة الإستقبال
escritório (m)	maktab (m)	مكتب
antessala (f)	madχal (m)	مدخل
quarto (m) de banho	ḥammām (m)	حمّام
toilette (lavabo)	ḥammām (m)	حمّام
teto (m)	sa'f (m)	سقف
chão, soalho (m)	arḍiya (f)	أرضية
canto (m)	zawya (f)	زاوية

69. Mobiliário. Interior

mobiliário (m)	asās (m)	أثاث
mesa (f)	maktab (m)	مكتب
cadeira (f)	korsy (m)	كرسي
cama (f)	serīr (m)	سرير
divã (m)	kanaba (f)	كنبة
cadeirão (m)	korsy (m)	كرسي
estante (f)	χazzānet kotob (f)	خزّانة كتب
prateleira (f)	raff (m)	رفّ
guarda-vestidos (m)	dolāb (m)	دولاب
cabide (m) de parede	ʃammā'a (f)	شمّاعة
cabide (m) de pé	ʃammā'a (f)	شمّاعة
cómoda (f)	dolāb adrāg (m)	دولاب أدراج
mesinha (f) de centro	ṭarabeyzet el 'ahwa (f)	طرابيزة القهوة
espelho (m)	merāya (f)	مراية
tapete (m)	seggāda (f)	سجّادة
tapete (m) pequeno	seggāda (f)	سجّادة
lareira (f)	daffāya (f)	دفّاية
vela (f)	ʃam'a (f)	شمعة
castiçal (m)	ʃam'adān (m)	شمعدان
cortinas (f pl)	satā'er (pl)	ستائر
papel (m) de parede	wara' ḥā'eṭ (m)	ورق حائط

estores (f pl)	satā'er ofoqiya (pl)	ستائر أفقيّة
candeeiro (m) de mesa	abāʒūr (f)	اباجورة
candeeiro (m) de parede	lammbet ḥā'eṭ (f)	لمّبة حائط
candeeiro (m) de pé	meṣbāḥ arḍy (m)	مصباح أرضي
lustre (m)	nagafa (f)	نجفة
pé (de mesa, etc.)	regl (f)	رجل
braço (m)	masnad (m)	مسند
costas (f pl)	masnad (m)	مسند
gaveta (f)	dorg (m)	درج

70. Quarto de dormir

roupa (f) de cama	bayāḍāt el serīr (pl)	بياضات السرير
almofada (f)	maχadda (f)	مخدّة
fronha (f)	kīs el maχadda (m)	كيس المخدّة
cobertor (m)	leḥāf (m)	لحاف
lençol (m)	melāya (f)	ملاية
colcha (f)	ɣaṭā' el serīr (m)	غطاء السرير

71. Cozinha

cozinha (f)	maṭbaχ (m)	مطبخ
gás (m)	ɣāz (m)	غاز
fogão (m) a gás	botoɣāz (m)	بوتوغاز
fogão (m) elétrico	forn kaharabā'y (m)	فرن كهربائي
forno (m)	forn (m)	فرن
forno (m) de micro-ondas	mikroweyv (m)	ميكروويف
frigorífico (m)	tallāga (f)	ثلاجة
congelador (m)	freyzer (m)	فريزر
máquina (f) de lavar louça	ɣassālet aṭbā' (f)	غسّالة أطباق
moedor (m) de carne	farrāmet laḥm (f)	فرّامة لحم
espremedor (m)	'aṣṣāra (f)	عصّارة
torradeira (f)	maḥmaṣet χobz (f)	محمصة خبز
batedeira (f)	χallāṭ (m)	خلّاط
máquina (f) de café	makinet ṣon' el 'ahwa (f)	ماكينة صنع القهوة
cafeteira (f)	ɣallāya kahraba'iya (f)	غلّاية القهوة
moinho (m) de café	maṭ-ḥanet 'ahwa (f)	مطحنة قهوة
chaleira (f)	ɣallāya (f)	غلّاية
bule (m)	barrād el ʃāy (m)	برّاد الشاي
tampa (f)	ɣaṭā' (m)	غطاء
coador (m) de chá	maṣfāh el ʃāy (f)	مصفاة الشاي
colher (f)	ma'la'a (f)	معلقة
colher (f) de chá	ma'la'et ʃāy (f)	معلقة شاي
colher (f) de sopa	ma'la'a kebīra (f)	ملعقة كبيرة
garfo (m)	ʃawka (f)	شوكة
faca (f)	sekkīna (f)	سكّينة

louça (f)	awāny (pl)	أواني
prato (m)	ṭaba' (m)	طبق
pires (m)	ṭaba' fengān (m)	طبق فنجان
cálice (m)	kāsa (f)	كاسة
copo (m)	kobbāya (f)	كوبّاية
chávena (f)	fengān (m)	فنجان
açucareiro (m)	sokkariya (f)	سكّريّة
saleiro (m)	mamlaḥa (f)	مملحة
pimenteiro (m)	mobhera (f)	مبهرة
manteigueira (f)	ṭaba' zebda (m)	طبق زبدة
panela, caçarola (f)	ḥalla (f)	حلّة
frigideira (f)	ṭāsa (f)	طاسة
concha (f)	maɣrafa (f)	مغرفة
passador (m)	maṣfāh (f)	مصفاه
bandeja (f)	ṣeniya (f)	صينيّة
garrafa (f)	ezāza (f)	إزازة
boião (m) de vidro	barṭamān (m)	برطمان
lata (f)	kanz (m)	كانز
abre-garrafas (m)	fattāḥa (f)	فتّاحة
abre-latas (m)	fattāḥa (f)	فتّاحة
saca-rolhas (m)	barrīma (f)	بريّمة
filtro (m)	filter (m)	فلتر
filtrar (vt)	ṣaffa	صفّى
lixo (m)	zebāla (f)	زبالة
balde (m) do lixo	ṣandū' el zebāla (m)	صندوق الزبالة

72. Casa de banho

quarto (m) de banho	ḥammām (m)	حمّام
água (f)	meyāh (f)	مياه
torneira (f)	ḥanafiya (f)	حنفيّة
água (f) quente	maya soχna (f)	مايّة سخنة
água (f) fria	maya barda (f)	مايّة باردة
pasta (f) de dentes	ma'gūn asnān (m)	معجون أسنان
escovar os dentes	naḍḍaf el asnān	نظّف الأسنان
escova (f) de dentes	forʃet senān (f)	فرشة أسنان
barbear-se (vr)	ḥala'	حلق
espuma (f) de barbear	raɣwa lel ḥelā'a (f)	رغوة للحلاقة
máquina (f) de barbear	mūs (m)	موس
lavar (vt)	ɣasal	غسل
lavar-se (vr)	estaḥamma	إستحمّى
duche (m)	doʃ (m)	دوش
tomar um duche	aχad doʃ	أخد دوش
banheira (f)	banyo (m)	بانيو
sanita (f)	twalet (m)	تواليت

lavatório (m)	ḥoḍe (m)	حوض
sabonete (m)	ṣabūn (m)	صابون
saboneteira (f)	ṣabbāna (f)	صبّانة
esponja (f)	līfa (f)	ليفة
champô (m)	ʃambū (m)	شامبو
toalha (f)	fūṭa (f)	فوطة
roupão (m) de banho	robe el ḥammām (m)	روب حمّام
lavagem (f)	ɣasīl (m)	غسيل
máquina (f) de lavar	ɣassāla (f)	غسّالة
lavar a roupa	ɣasal el malābes	غسل الملابس
detergente (m)	mas-ḥū' ɣasīl (m)	مسحوق غسيل

73. Eletrodomésticos

televisor (m)	televizion (m)	تليفزيون
gravador (m)	gehāz tasgīl (m)	جهاز تسجيل
videogravador (m)	'āla tasgīl video (f)	آلة تسجيل فيديو
rádio (m)	gehāz radio (m)	جهاز راديو
leitor (m)	blayer (m)	بليير
projetor (m)	gehāz ʿarḍ (m)	جهاز عرض
cinema (m) em casa	sinema manzeliya (f)	سينما منزليّة
leitor (m) de DVD	dividī blayer (m)	دي في دي بلبير
amplificador (m)	mokabbaer el ṣote (m)	مكبّر الصوت
console (f) de jogos	'ātāry (m)	أتاري
câmara (f) de vídeo	kamera video (f)	كاميرا فيديو
máquina (f) fotográfica	kamera (f)	كاميرا
câmara (f) digital	kamera diʒital (f)	كاميرا ديجيتال
aspirador (m)	maknasa kahraba'iya (f)	مكنسة كهربائيّة
ferro (m) de engomar	makwa (f)	مكواة
tábua (f) de engomar	lawḥet kayī (f)	لوحة كيّ
telefone (m)	telefon (m)	تليفون
telemóvel (m)	mobile (m)	موبايل
máquina (f) de escrever	'āla katba (f)	آلة كاتبة
máquina (f) de costura	makanet el χeyāṭa (f)	مكنة الخياطة
microfone (m)	mikrofon (m)	ميكروفون
auscultadores (m pl)	sammaʿāt ra'siya (pl)	سمّاعات رأسية
controlo remoto (m)	remowt kontrol (m)	ريموت كنترول
CD (m)	sidī (m)	سي دي
cassete (f)	kasett (m)	كاسيت
disco (m) de vinil	esṭewāna mūsīqa (f)	أسطوانة موسيقى

A TERRA. TEMPO

74. Espaço sideral

cosmos (m)	faḍā' (m)	فضاء
cósmico	faḍā'y	فضائي
espaço (m) cósmico	el faḍā' el χāregy (m)	الفضاء الخارجي
mundo (m)	ʿālam (m)	عالم
universo (m)	el kōn (m)	الكون
galáxia (f)	el magarra (f)	المجرّة
estrela (f)	negm (m)	نجم
constelação (f)	borg (m)	برج
planeta (m)	kawwkab (m)	كوكب
satélite (m)	'amar ṣenāʿy (m)	قمر صناعي
meteorito (m)	nayzek (m)	نيّزك
cometa (m)	mozannab (m)	مذنّب
asteroide (m)	kowaykeb (m)	كويكب
órbita (f)	madār (m)	مدار
girar (vi)	dār	دار
atmosfera (f)	el γelāf el gawwy (m)	الغلاف الجوّي
Sol (m)	el ʃams (f)	الشمس
Sistema (m) Solar	el magmūʿa el ʃamsiya (f)	المجموعة الشمسيّة
eclipse (m) solar	kosūf el ʃams (m)	كسوف الشمس
Terra (f)	el arḍ (f)	الأرض
Lua (f)	el 'amar (m)	القمر
Marte (m)	el marrīχ (m)	المرّيخ
Vénus (f)	el zahra (f)	الزهرة
Júpiter (m)	el moʃtary (m)	المشتري
Saturno (m)	zoḥḥol (m)	زحل
Mercúrio (m)	ʿaṭāred (m)	عطارد
Urano (m)	uranus (m)	اورانوس
Neptuno (m)	nibtūn (m)	نبتون
Plutão (m)	bluto (m)	بلوتو
Via Láctea (f)	darb el tebbāna (m)	درب التبّانة
Ursa Maior (f)	el dobb el akbar (m)	الدب الأكبر
Estrela Polar (f)	negm el 'oṭb (m)	نجم القطب
marciano (m)	sāken el marrīχ (m)	ساكن المرّيخ
extraterrestre (m)	faḍā'y (m)	فضائي
alienígena (m)	kā'en faḍā'y (m)	كائن فضائي
disco (m) voador	ṭaba' ṭā'er (m)	طبق طائر
nave (f) espacial	markaba faḍa'iya (f)	مركبة فضائية

estação (f) orbital	maḥaṭṭet faḍā' (f)	محطّة فضاء
lançamento (m)	enṭelāq (m)	إنطلاق
motor (m)	motore (m)	موتور
bocal (m)	manfaθ (m)	منفث
combustível (m)	woqūd (m)	وقود
cabine (f)	kabīna (f)	كابينة
antena (f)	hawā'y (m)	هوائي
vigia (f)	kowwa mostadīra (f)	كوّة مستديرة
bateria (f) solar	lawḥa ʃamsiya (f)	لوحة شمسيّة
traje (m) espacial	badlet el faḍā' (f)	بدلة الفضاء
imponderabilidade (f)	en'edām wazn (m)	إنعدام الوزن
oxigénio (m)	oksiʒīn (m)	أوكسجين
acoplagem (f)	rasw (m)	رسو
fazer uma acoplagem	rasa	رسى
observatório (m)	marṣad (m)	مرصد
telescópio (m)	teleskop (m)	تلسكوب
observar (vt)	rāqab	راقب
explorar (vt)	estakʃef	إستكشف

75. A Terra

Terra (f)	el arḍ (f)	الأرض
globo terrestre (Terra)	el kora el arḍiya (f)	الكرة الأرضيّة
planeta (m)	kawwkab (m)	كوكب
atmosfera (f)	el ɣelāf el gawwy (m)	الغلاف الجوّي
geografia (f)	goɣrafia (f)	جغرافيا
natureza (f)	ṭabee'a (f)	طبيعة
globo (mapa esférico)	namūzag lel kora el arḍiya (m)	نموذج للكرة الأرضيّة
mapa (m)	χarīṭa (f)	خريطة
atlas (m)	aṭlas (m)	أطلس
Europa (f)	orobba (f)	أوروبّا
Ásia (f)	asya (f)	آسيا
África (f)	afreqia (f)	أفريقيا
Austrália (f)	ostorālya (f)	أستراليا
América (f)	amrīka (f)	أمريكا
América (f) do Norte	amrīka el ʃamaliya (f)	أمريكا الشماليّة
América (f) do Sul	amrīka el ganūbiya (f)	أمريكا الجنوبيّة
Antártida (f)	el qoṭb el ganūby (m)	القطب الجنوبي
Ártico (m)	el qoṭb el ʃamāly (m)	القطب الشمالي

76. Pontos cardeais

norte (m)	ʃemāl (m)	شمال
para norte	lel ʃamāl	للشمال

no norte	fel ʃamāl	في الشمال
do norte	ʃamāly	شمالي
sul (m)	ganūb (m)	جنوب
para sul	lel ganūb	للجنوب
no sul	fel ganūb	في الجنوب
do sul	ganūby	جنوبي
oeste, ocidente (m)	ɣarb (m)	غرب
para oeste	lel ɣarb	للغرب
no oeste	fel ɣarb	في الغرب
ocidental	ɣarby	غربي
leste, oriente (m)	ʃarʾ (m)	شرق
para leste	lel ʃarʾ	للشرق
no leste	fel ʃarʾ	في الشرق
oriental	ʃarʾy	شرقي

77. Mar. Oceano

mar (m)	baḥr (m)	بحر
oceano (m)	moḥīṭ (m)	محيط
golfo (m)	χalīg (m)	خليج
estreito (m)	maḍīq (m)	مضيق
terra (f) firme	barr (m)	برّ
continente (m)	qārra (f)	قارّة
ilha (f)	gezīra (f)	جزيرة
península (f)	ʃebh gezeyra (f)	شبه جزيرة
arquipélago (m)	magmūʿet gozor (f)	مجموعة جزر
baía (f)	χalīg (m)	خليج
porto (m)	mināʾ (m)	ميناء
lagoa (f)	lagūn (m)	لاجون
cabo (m)	raʾs (m)	رأس
atol (m)	gezīra morganiya estwaʾiya (f)	جزيرة مرجانيّة إستوائيّة
recife (m)	ʃoʿāb (pl)	شعاب
coral (m)	morgān (m)	مرجان
recife (m) de coral	ʃoʿāb morganiya (pl)	شعاب مرجانية
profundo	ʿamīq	عميق
profundidade (f)	ʿomq (m)	عمق
abismo (m)	el ʿomq el saḥīq (m)	العمق السحيق
fossa (f) oceânica	χondoq (m)	خندق
corrente (f)	tayār (m)	تيّار
banhar (vt)	ḥāṭ	حاط
litoral (m)	sāḥel (m)	ساحل
costa (f)	sāḥel (m)	ساحل
maré (f) alta	tayār (m)	تيّار
refluxo (m), maré (f) baixa	gozor (m)	جزر

restinga (f)	meyāh ḍaḥla (f)	مياه ضحلة
fundo (m)	qāʿ (m)	قاع
onda (f)	mouga (f)	موجة
crista (f) da onda	qemma (f)	قمّة
espuma (f)	zabad el baḥr (m)	زبد البحر
tempestade (f)	ʿāṣefa (f)	عاصفة
furacão (m)	eʿṣār (m)	إعصار
tsunami (m)	tsunāmy (m)	تسونامي
calmaria (f)	hodūʾ (m)	هدوء
calmo	hady	هادئ
polo (m)	ʾoṭb (m)	قطب
polar	ʾoṭby	قطبي
latitude (f)	ʿarḍ (m)	عرض
longitude (f)	χaṭṭ ṭūl (m)	خطّ طول
paralela (f)	motawāz (m)	متواز
equador (m)	χaṭṭ el estewāʾ (m)	خطّ الإستواء
céu (m)	samāʾ (f)	سماء
horizonte (m)	ofoq (m)	أفق
ar (m)	hawāʾ (m)	هواء
farol (m)	manāra (f)	منارة
mergulhar (vi)	ɣāṣ	غاص
afundar-se (vr)	ɣereʾ	غرق
tesouros (m pl)	konūz (pl)	كنوز

78. Nomes de Mares e Oceanos

Oceano (m) Atlântico	el moḥeyṭ el aṭlanṭy (m)	المحيط الأطلنطي
Oceano (m) Índico	el moḥeyṭ el hendy (m)	المحيط الهندي
Oceano (m) Pacífico	el moḥeyṭ el hādy (m)	المحيط الهادي
Oceano (m) Ártico	el moḥeyṭ el motagammed el ʃamāly (m)	المحيط المتجمّد الشمالي
Mar (m) Negro	el baḥr el aswad (m)	البحر الأسود
Mar (m) Vermelho	el baḥr el aḥmar (m)	البحر الأحمر
Mar (m) Amarelo	el baḥr el aṣfar (m)	البحر الأصفر
Mar (m) Branco	el baḥr el abyaḍ (m)	البحر الأبيض
Mar (m) Cáspio	baḥr qazwīn (m)	بحر قزوين
Mar (m) Morto	el baḥr el mayet (m)	البحر الميّت
Mar (m) Mediterrâneo	el baḥr el abyaḍ el motawasseṭ (m)	البحر الأبيض المتوسّط
Mar (m) Egeu	baḥr eygah (m)	بحر إيجة
Mar (m) Adriático	el baḥr el adreyatīky (m)	البحر الأدرياتيكي
Mar (m) Arábico	baḥr el ʿarab (m)	بحر العرب
Mar (m) do Japão	baḥr el yabān (m)	بحر اليابان
Mar (m) de Bering	baḥr bering (m)	بحر بيرينغ

Mar (m) da China Meridional	baḥr el ṣeyn el ganūby (m)	بحر الصين الجنوبي
Mar (m) de Coral	baḥr el morgān (m)	بحر المرجان
Mar (m) de Tasman	baḥr tazman (m)	بحر تسمان
Mar (m) do Caribe	el baḥr el karību (m)	البحر الكاريبي
Mar (m) de Barents	baḥr barents (m)	بحر بارنتس
Mar (m) de Kara	baḥr kara (m)	بحر كارا
Mar (m) do Norte	baḥr el ʃamāl (m)	بحر الشمال
Mar (m) Báltico	baḥr el balṭīq (m)	بحر البلطيق
Mar (m) da Noruega	baḥr el nerwīg (m)	بحر النرويج

79. Montanhas

montanha (f)	gabal (m)	جبل
cordilheira (f)	selselet gebāl (f)	سلسلة جبال
serra (f)	notū' el gabal (m)	نتوء الجبل
cume (m)	qemma (f)	قمّة
pico (m)	qemma (f)	قمّة
sopé (m)	asfal (m)	أسفل
declive (m)	monḥadar (m)	منحدر
vulcão (m)	borkān (m)	بركان
vulcão (m) ativo	borkān naʃeṭ (m)	بركان نشط
vulcão (m) extinto	borkān χāmed (m)	بركان خامد
erupção (f)	sawarān (m)	ثوران
cratera (f)	fawhet el borkān (f)	فوهة البركان
magma (m)	magma (f)	ماجما
lava (f)	ḥomam borkāniya (pl)	حمم بركانية
fundido (lava ~a)	monṣahera	منصهرة
desfiladeiro (m)	wādy ḍaye' (m)	وادي ضيّق
garganta (f)	mamarr ḍaye' (m)	ممرّ ضيّق
fenda (f)	ʃa'' (m)	شقّ
precipício (m)	hāwya (f)	هاوية
passo, colo (m)	mamarr gabaly (m)	ممرّ جبلي
planalto (m)	haḍaba (f)	هضبة
falésia (f)	garf (m)	جرف
colina (f)	tall (m)	تلّ
glaciar (m)	nahr galīdy (m)	نهر جليدي
queda (f) d'água	ʃallāl (m)	شلّال
géiser (m)	nab' maya ḥāra (m)	نبع ميّة حارة
lago (m)	boḥeyra (f)	بحيرة
planície (f)	sahl (m)	سهل
paisagem (f)	manzar ṭabee'y (m)	منظر طبيعي
eco (m)	ṣada (m)	صدى
alpinista (m)	motasalleq el gebāl (m)	متسلّق الجبال
escalador (m)	motasalleq ṣoχūr (m)	متسلّق صخور

conquistar (vt)	taɣallab ʿala	تغلّب على
subida, escalada (f)	tasalloq (m)	تسلّق

80. Nomes de montanhas

Alpes (m pl)	gebāl el alb (pl)	جبال الألب
monte Branco (m)	mōn blōn (m)	مون بلون
Pirineus (m pl)	gebāl el barānes (pl)	جبال البرانس
Cárpatos (m pl)	gebāl el karbāt (pl)	جبال الكاربات
montes (m pl) Urais	gebāl el urāl (pl)	جبال الأورال
Cáucaso (m)	gebāl el qoqāz (pl)	جبال القوقاز
Elbrus (m)	gabal elbrus (m)	جبل إلبروس
Altai (m)	gebāl altāy (pl)	جبال ألتاي
Tian Shan (m)	gebāl tian ʃan (pl)	جبال تيان شان
Pamir (m)	gebāl bamir (pl)	جبال بامير
Himalaias (m pl)	himalāya (pl)	هيمالايا
monte (m) Everest	gabal everest (m)	جبل افرست
Cordilheira (f) dos Andes	gebāl el andīz (pl)	جبال الأنديز
Kilimanjaro (m)	gabal kilimanʒaro (m)	جبل كليمنجارو

81. Rios

rio (m)	nahr (m)	نهر
fonte, nascente (f)	ʿeyn (m)	عين
leito (m) do rio	magra el nahr (m)	مجرى النهر
bacia (f)	ḥoḍe (m)	حوض
desaguar no ...	ṣabb fe ...	صبّ في...
afluente (m)	rāfed (m)	رافد
margem (do rio)	ḍaffa (f)	ضفّة
corrente (f)	tayār (m)	تيّار
rio abaixo	maʿ ettigāh magra el nahr	مع إتّجاه مجرى النهر
rio acima	ḍed el tayār	ضد التيار
inundação (f)	ɣamr (m)	غمر
cheia (f)	fayaḍān (m)	فيضان
transbordar (vi)	fāḍ	فاض
inundar (vt)	ɣamar	غمر
banco (m) de areia	meyāh ḍaḥla (f)	مياه ضحلة
rápidos (m pl)	monḥadar el nahr (m)	منحدر النهر
barragem (f)	sadd (m)	سدّ
canal (m)	qanah (f)	قناة
reservatório (m) de água	χazzān mā'y (m)	خزّان مائي
eclusa (f)	bawwāba qanṭara (f)	بوّابة قنطرة
corpo (m) de água	berka (f)	بركة
pântano (m)	mostanqaʿ (m)	مستنقع

tremedal (m)	mostanqaʿ (m)	مستنقع
remoinho (m)	dawwāma (f)	دوّامة
arroio, regato (m)	gadwal (m)	جدوّل
potável	el ʃorb	الشرب
doce (água)	ʿazb	عذب
gelo (m)	galīd (m)	جليد
congelar-se (vr)	etgammed	إتجمّد

82. Nomes de rios

rio Sena (m)	el seyn (m)	السين
rio Loire (m)	el lua:r (m)	اللوار
rio Tamisa (m)	el teymz (m)	التيمز
rio Reno (m)	el rayn (m)	الراين
rio Danúbio (m)	el danūb (m)	الدانوب
rio Volga (m)	el volga (m)	الفولغا
rio Don (m)	el done (m)	الدون
rio Lena (m)	lena (m)	لينا
rio Amarelo (m)	el nahr el aṣfar (m)	النهر الأصفر
rio Yangtzé (m)	el yangesty (m)	اليانغستي
rio Mekong (m)	el mekong (m)	الميكونغ
rio Ganges (m)	el ɣang (m)	الغانج
rio Nilo (m)	el nīl (m)	النيل
rio Congo (m)	el kongo (m)	الكونغو
rio Cubango (m)	okavango (m)	أوكافانجو
rio Zambeze (m)	el zambizi (m)	الزمبيزي
rio Limpopo (m)	limbobo (m)	ليمبوبو
rio Mississípi (m)	el mississibbi (m)	الميسيسيبي

83. Floresta

floresta (f), bosque (m)	ɣāba (f)	غابة
florestal	ɣāba	غابة
mata (f) cerrada	ɣāba kasīfa (f)	غابة كثيفة
arvoredo (m)	bostān (m)	بستان
clareira (f)	ezālet el ɣābāt (f)	إزالة الغابات
matagal (m)	agama (f)	أجمة
mato (m)	arāḍy el ʃogayrāt (pl)	أراضي الشجيرات
vereda (f)	mamarr (m)	ممرّ
ravina (f)	wādy ḍayeʾ (m)	وادي ضيّق
árvore (f)	ʃagara (f)	شجرة
folha (f)	waraʾa (f)	ورقة

folhagem (f)	wara' (m)	ورق
queda (f) das folhas	tasā'oṭ el awrā' (m)	تساقط الأوراق
cair (vi)	saqaṭ	سقط
topo (m)	ra's (m)	رأس
ramo (m)	ɣoṣn (m)	غصن
galho (m)	ɣoṣn ra'īsy (m)	غصن رئيسي
botão, rebento (m)	bor'om (m)	برعم
agulha (f)	ʃawka (f)	شوكة
pinha (f)	kūz el ṣnowbar (m)	كوز الصنوبر
buraco (m) de árvore	gofe (m)	جوف
ninho (m)	'eʃ (m)	عشّ
toca (f)	goḥr (m)	جحر
tronco (m)	gez' (m)	جذع
raiz (f)	gezr (m)	جذر
casca (f) de árvore	leḥā' (m)	لحاء
musgo (m)	ṭaḥlab (m)	طحلب
arrancar pela raiz	eqtala'	إقتلع
cortar (vt)	'aṭṭa'	قطّع
desflorestar (vt)	azāl el ɣabāt	أزال الغابات
toco, cepo (m)	gez' el ʃagara (m)	جذع الشجرة
fogueira (f)	nār moχayem (m)	نار مخيّم
incêndio (m) florestal	ḥarī' ɣāba (m)	حريق غابة
apagar (vt)	ṭaffa	طفّى
guarda-florestal (m)	ḥāres el ɣāba (m)	حارس الغابة
proteção (f)	ḥemāya (f)	حماية
proteger (a natureza)	ḥama	حمى
caçador (m) furtivo	sāre' el ṣeyd (m)	سارق الصيد
armadilha (f)	maṣyada (f)	مصيّدة
colher (cogumelos, bagas)	gamma'	جمّع
perder-se (vr)	tāh	تاه

84. Recursos naturais

recursos (m pl) naturais	sarawāt ṭabī'iya (pl)	ثروات طبيعيّة
minerais (m pl)	ma'āden (pl)	معادن
depósitos (m pl)	rawāseb (pl)	رواسب
jazida (f)	ḥaql (m)	حقل
extrair (vt)	estaχrag	إستخرج
extração (f)	esteχrāg (m)	إستخراج
minério (m)	χām (m)	خام
mina (f)	mangam (m)	منجم
poço (m) de mina	mangam (m)	منجم
mineiro (m)	'āmel mangam (m)	عامل منجم
gás (m)	ɣāz (m)	غاز
gasoduto (m)	χaṭṭ anabīb ɣāz (m)	خطّ أنابيب غاز

petróleo (m)	naft̩ (m)	نفط
oleoduto (m)	anabīb el naft̩ (pl)	أنابيب النفط
poço (m) de petróleo	bīr el naft̩ (m)	بير النفط
torre (f) petrolífera	ḥaffāra (f)	حفّارة
petroleiro (m)	nāqelet betrūl (f)	ناقلة بترول
areia (f)	raml (m)	رمل
calcário (m)	ḥagar el kals (m)	حجر الكلس
cascalho (m)	ḥaṣa (m)	حصى
turfa (f)	χaθ faḥm nabāty (m)	خث فحم نباتي
argila (f)	ṭīn (m)	طين
carvão (m)	faḥm (m)	فحم
ferro (m)	ḥadīd (m)	حديد
ouro (m)	dahab (m)	ذهب
prata (f)	faḍḍa (f)	فضّة
níquel (m)	nikel (m)	نيكل
cobre (m)	neḥās (m)	نحاس
zinco (m)	zink (m)	زنك
manganês (m)	manganīz (m)	منجنيز
mercúrio (m)	ze'baq (m)	زئبق
chumbo (m)	roṣāṣ (m)	رصاص
mineral (m)	ma'dan (m)	معدن
cristal (m)	kristāl (m)	كريستال
mármore (m)	roχām (m)	رخام
urânio (m)	yuranuim (m)	يورانيوم

85. Tempo

tempo (m)	ṭa's (m)	طقس
previsão (f) do tempo	naʃra gawiya (f)	نشرة جويّة
temperatura (f)	ḥarāra (f)	حرارة
termómetro (m)	termometr (m)	ترمومتر
barómetro (m)	barometr (m)	بارومتر
húmido	roṭob	رطب
humidade (f)	roṭūba (f)	رطوبة
calor (m)	ḥarāra (f)	حرارة
cálido	ḥarr	حارّ
está muito calor	el gaww ḥarr	الجوّ حرّ
está calor	el gaww dafa	الجوّ دفا
quente	dāfe'	دافئ
está frio	el gaww bāred	الجوّ بارد
frio	bāred	بارد
sol (m)	ʃams (f)	شمس
brilhar (vi)	nawwar	نوّر
de sol, ensolarado	moʃmes	مشمس
nascer (vi)	ʃara'	شرق
pôr-se (vr)	ɣarab	غرب

nuvem (f)	saḥāba (f)	سحابة
nublado	meɣayem	مغيّم
nuvem (f) preta	saḥābet maṭar (f)	سحابة مطر
escuro, cinzento	meɣayem	مغيّم
chuva (f)	maṭar (m)	مطر
está a chover	el donia betmaṭṭar	الدنيا بتمطّر
chuvoso	momṭer	ممطر
chuviscar (vi)	maṭṭaret razāz	مطّرت رذاذ
chuva (f) torrencial	maṭar monhamer (f)	مطر منهمر
chuvada (f)	maṭar ɣazīr (m)	مطر غزير
forte (chuva)	ʃedīd	شديد
poça (f)	berka (f)	بركة
molhar-se (vr)	ettbal	إتّبل
nevoeiro (m)	ʃabbūra (f)	شبّورة
de nevoeiro	fih ʃabbūra	فيه شبّورة
neve (f)	talg (m)	ثلج
está a nevar	fih talg	فيه ثلج

86. Tempo extremo. Catástrofes naturais

trovoada (f)	ʿāṣefa raʿdiya (f)	عاصفة رعدية
relâmpago (m)	barʾ (m)	برق
relampejar (vi)	baraq	برق
trovão (m)	raʿd (m)	رعد
trovejar (vi)	dawa	دوى
está a trovejar	el samāʾ dawat raʿd (f)	السماء دوّت رعد
granizo (m)	maṭar bard (m)	مطر برد
está a cair granizo	maṭṭaret bard	مطّرت برد
inundar (vt)	ɣamar	غمر
inundação (f)	fayaḍān (m)	فيضان
terremoto (m)	zelzāl (m)	زلزال
abalo, tremor (m)	hazza arḍiya (f)	هزّة أرضية
epicentro (m)	markaz el zelzāl (m)	مركز الزلزال
erupção (f)	sawarān (m)	ثوّران
lava (f)	ḥomam borkāniya (pl)	حمم بركانية
turbilhão, tornado (m)	eʿṣār (m)	إعصار
tufão (m)	tyfūn (m)	طوفان
furacão (m)	eʿṣār (m)	إعصار
tempestade (f)	ʿāṣefa (f)	عاصفة
tsunami (m)	tsunāmy (m)	تسونامي
ciclone (m)	eʿṣār (m)	إعصار
mau tempo (m)	ṭaʾs sayeʾ (m)	طقس سئ
incêndio (m)	ḥarīʾ (m)	حريق

catástrofe (f)	karsa (f)	كارثة
meteorito (m)	nayzek (m)	نيّزك
avalanche (f)	enheyār talgy (m)	إنهيار ثلجي
deslizamento (m) de neve	enheyār talgy (m)	إنهيار ثلجي
nevasca (f)	ʿāṣefa talgiya (f)	عاصفة ثلجيّة
tempestade (f) de neve	ʿāṣefa talgiya (f)	عاصفة ثلجيّة

FAUNA

87. Mamíferos. Predadores

predador (m)	moftares (m)	مفترس
tigre (m)	nemr (m)	نمر
leão (m)	asad (m)	أسد
lobo (m)	ze'b (m)	ذئب
raposa (f)	ta'lab (m)	ثعلب
jaguar (m)	nemr amrīky (m)	نمر أمريكي
leopardo (m)	fahd (m)	فهد
chita (f)	fahd ṣayād (m)	فهد صيّاد
pantera (f)	nemr aswad (m)	نمر أسوّد
puma (m)	asad el gebāl (m)	أسد الجبال
leopardo-das-neves (m)	nemr el tolūg (m)	نمر الثلوج
lince (m)	waʃaq (m)	وشق
coiote (m)	qayūṭ (m)	قيوط
chacal (m)	ebn 'āwy (m)	ابن آوى
hiena (f)	ḍeb' (m)	ضبع

88. Animais selvagens

animal (m)	ḥayawān (m)	حيوان
besta (f)	waḥʃ (m)	وحش
esquilo (m)	sengāb (m)	سنجاب
ouriço (m)	qonfoz (m)	قنفذ
lebre (f)	arnab barry (m)	أرنب برّي
coelho (m)	arnab (m)	أرنب
texugo (m)	ɣarīr (m)	غرير
guaxinim (m)	rakūn (m)	راكون
hamster (m)	hamster (m)	هامستر
marmota (f)	marmoṭ (m)	مرموط
toupeira (f)	χold (m)	خلد
rato (m)	fār (m)	فأر
ratazana (f)	gerz (m)	جرذ
morcego (m)	χoffāʃ (m)	خفّاش
arminho (m)	qāqem (m)	قاقم
zibelina (f)	sammūr (m)	سمّور
marta (f)	fara'īāt (m)	فرائيات
doninha (f)	ebn 'ers (m)	ابن عرس
vison (m)	mink (m)	منك

castor (m)	qondos (m)	قندس
lontra (f)	ta'lab maya (m)	ثعلب الميّة
cavalo (m)	ḥoṣān (m)	حصان
alce (m)	eyl el mūz (m)	أيّل الموظ
veado (m)	ayl (m)	أيل
camelo (m)	gamal (m)	جمل
bisão (m)	bison (m)	بيسون
auroque (m)	byson orobby (m)	بيسون أوروبي
búfalo (m)	gamūs (m)	جاموس
zebra (f)	ḥomār waḥʃy (m)	حمار وحشي
antílope (m)	ẓaby (m)	ظبي
corça (f)	yaḥmūr orobby (m)	يحمورأوروبي
gamo (m)	eyl asmar orobby (m)	أيّل أسمر أوروبي
camurça (f)	ʃamwah (f)	شامواه
javali (m)	χenzīr barry (m)	خنزير برّي
baleia (f)	ḥūt (m)	حوت
foca (f)	foqma (f)	فقمة
morsa (f)	el kab' (m)	الكبع
urso-marinho (m)	foqmet el farā' (f)	فقمة الفراء
golfinho (m)	dolfīn (m)	دولفين
urso (m)	dobb (m)	دبّ
urso (m) branco	dobb 'oṭṭby (m)	دبّ قطبي
panda (m)	banda (m)	باندا
macaco (em geral)	'erd (m)	قرد
chimpanzé (m)	ʃimbanzy (m)	شيمبانزي
orangotango (m)	orangutan (m)	أورنغوتان
gorila (m)	ɣorella (f)	غوريلا
macaco (m)	'erd el makāk (m)	قرد المكاك
gibão (m)	gibbon (m)	جيبون
elefante (m)	fīl (m)	فيل
rinoceronte (m)	χartīt (m)	خرتيت
girafa (f)	zarāfa (f)	زرافة
hipopótamo (m)	faras el nahr (m)	فرس النهر
canguru (m)	kangarū (m)	كانجّارو
coala (m)	el koala (m)	الكوالا
mangusto (m)	nems (m)	نمس
chinchila (m)	ʃenʃīla (f)	شنشيلة
doninha-fedorenta (f)	ẓerbān (m)	ظربان
porco-espinho (m)	nīṣ (m)	نيص

89. Animais domésticos

gata (f)	'oṭṭa (f)	قطّة
gato (m) macho	'oṭṭ (m)	قطّ
cão (m)	kalb (m)	كلب

cavalo (m)	ḥoṣān (m)	حصان
garanhão (m)	χeyl faḥl (m)	خيل فحل
égua (f)	faras (f)	فرس
vaca (f)	ba'ara (f)	بقرة
touro (m)	sore (m)	ثور
boi (m)	sore (m)	ثور
ovelha (f)	χarūf (f)	خروف
carneiro (m)	kebʃ (m)	كبش
cabra (f)	me'za (f)	معزة
bode (m)	mā'ez zakar (m)	ماعز ذكر
burro (m)	ḥomār (m)	حمار
mula (f)	baɣl (m)	بغل
porco (m)	χenzīr (m)	خنزير
leitão (m)	χannūṣ (m)	خنّوص
coelho (m)	arnab (m)	أرنب
galinha (f)	farχa (f)	فرخة
galo (m)	dīk (m)	ديك
pata (f)	baṭṭa (f)	بطّة
pato (macho)	dakar el baṭṭ (m)	ذكر البط
ganso (m)	wezza (f)	وزّة
peru (m)	dīk rūmy (m)	ديك رومي
perua (f)	dīk rūmy (m)	ديك رومي
animais (m pl) domésticos	ḥayawānāt dawāgen (pl)	حيوانات دواجن
domesticado	alīf	أليف
domesticar (vt)	rawweḍ	روّض
criar (vt)	rabba	ربّى
quinta (f)	mazra'a (f)	مزرعة
aves (f pl) domésticas	dawāgen (pl)	دواجن
gado (m)	māʃeya (f)	ماشية
rebanho (m), manada (f)	qaṭee' (m)	قطيع
estábulo (m)	esṭabl χeyl (m)	إسطبل خيل
pocilga (f)	ḥazīret χanazīr (f)	حظيرة الخنازير
estábulo (m)	zerībet el ba'ar (f)	زريبة البقر
coelheira (f)	qan el arāneb (m)	قن الأرانب
galinheiro (m)	qan el ferāχ (m)	قن الفراخ

90. Pássaros

pássaro (m), ave (f)	ṭā'er (m)	طائر
pombo (m)	ḥamāma (f)	حمامة
pardal (m)	'aṣfūr dawri (m)	عصفور دوري
chapim-real (m)	qarqaf (m)	قرقف
pega-rabuda (f)	'a''a' (m)	عقعق
corvo (m)	ɣorāb aswad (m)	غراب أسود

gralha (f) cinzenta	ɣorāb (m)	غراب
gralha-de-nuca-cinzenta (f)	zāɣ zarʿy (m)	زاغ زرعي
gralha-calva (f)	ɣorāb el qeyẓ (m)	غراب القيظ
pato (m)	baṭṭa (f)	بطّة
ganso (m)	wezza (f)	وزّة
faisão (m)	tadarrog (m)	تدرج
águia (f)	ʿeqāb (m)	عقاب
açor (m)	el bāz (m)	الباز
falcão (m)	ṣaʾr (m)	صقر
abutre (m)	nesr (m)	نسر
condor (m)	kondor (m)	كندور
cisne (m)	el temm (m)	التمّ
grou (m)	karkiya (m)	كركية
cegonha (f)	loqloq (m)	لقلق
papagaio (m)	babaɣāʾ (m)	ببغاء
beija-flor (m)	ṭannān (m)	طنّان
pavão (m)	ṭawūs (m)	طاووس
avestruz (m)	naʿāma (f)	نعامة
garça (f)	belʃone (m)	بلشون
flamingo (m)	flamingo (m)	فلامينجو
pelicano (m)	bagʿa (f)	بجعة
rouxinol (m)	ʿandalīb (m)	عندليب
andorinha (f)	el sonūnū (m)	السنونو
tordo-zornal (m)	somnet el ḥoqūl (m)	سمنة الحقول
tordo-músico (m)	somna moɣarreda (m)	سمنة مغرّدة
melro-preto (m)	ʃaḥrūr aswad (m)	شحرور أسود
andorinhão (m)	semmāma (m)	سمّامة
cotovia (f)	qabra (f)	قبرة
codorna (f)	semmān (m)	سمّان
pica-pau (m)	naʾār el χaʃab (m)	نقار الخشب
cuco (m)	weqwāq (m)	وقواق
coruja (f)	būma (f)	بومة
corujão, bufo (m)	būm orāsy (m)	بوم أوراسي
tetraz-grande (m)	dīk el χalang (m)	ديك الخلنج
tetraz-lira (m)	ṭyhūg aswad (m)	طيهوج أسوّد
perdiz-cinzenta (f)	el ḥagal (m)	الحجل
estorninho (m)	zerzūr (m)	زرزور
canário (m)	kanāry (m)	كناري
galinha-do-mato (f)	ṭyhūg el bondoʾ (m)	طيهوج البندق
tentilhão (m)	ʃarʃūr (m)	شرشور
dom-fafe (m)	deɣnāʃ (m)	دغناش
gaivota (f)	nawras (m)	نورس
albatroz (m)	el qoṭros (m)	القطرس
pinguim (m)	beṭrīq (m)	بطريق

91. Peixes. Animais marinhos

brema (f)	abramīs (m)	أبراميس
carpa (f)	ʃabbūṭ (m)	شبّوط
perca (f)	farχ (m)	فرخ
siluro (m)	'armūṭ (m)	قرموط
lúcio (m)	karāky (m)	كراكي
salmão (m)	salamon (m)	سلمون
esturjão (m)	ḥafʃ (m)	حفش
arenque (m)	renga (f)	رنجة
salmão (m)	salamon aṭlasy (m)	سلمون أطلسي
cavala, sarda (f)	makerel (m)	ماكريل
solha (f)	samak mefalṭah (f)	سمك مفلطح
lúcio perca (m)	samak sandar (m)	سمك سندر
bacalhau (m)	el qadd (m)	القد
atum (m)	tuna (f)	تونة
truta (f)	salamon mera''aṭ (m)	سلمون مرقّط
enguia (f)	ḥankalīs (m)	حنكليس
raia elétrica (f)	ra'ād (m)	رعاد
moreia (f)	moraya (f)	مورايية
piranha (f)	bīrana (f)	بيرانا
tubarão (m)	'erʃ (m)	قرش
golfinho (m)	dolfīn (m)	دولفين
baleia (f)	ḥūt (m)	حوت
caranguejo (m)	kaboria (m)	كابوريا
medusa, alforreca (f)	'andīl el baḥr (m)	قنديل البحر
polvo (m)	aχṭabūṭ (m)	أخطبوط
estrela-do-mar (f)	negmet el baḥr (f)	نجمة البحر
ouriço-do-mar (m)	qonfoz el baḥr (m)	قنفذ البحر
cavalo-marinho (m)	ḥoṣān el baḥr (m)	حصان البحر
ostra (f)	maḥār (m)	محار
camarão (m)	gammbary (m)	جمّبري
lavagante (m)	estakoza (f)	استكوزا
lagosta (f)	estakoza (m)	استاكوزا

92. Amfíbios. Répteis

serpente, cobra (f)	te'bān (m)	ثعبان
venenoso	sām	سام
víbora (f)	af'a (f)	أفعى
cobra-capelo, naja (f)	kobra (m)	كوبرا
pitão (m)	te'bān byton (m)	ثعبان بايثون
jiboia (f)	bawā' el 'aṣera (f)	بواء العاصرة
cobra-de-água (f)	te'bān el 'oʃb (m)	ثعبان العشب

cascavel (f)	af'a megalgela (f)	أفعى مجلجلة
anaconda (f)	anakonda (f)	أناكوندا
lagarto (m)	seḥliya (f)	سحليّة
iguana (f)	eɣwana (f)	إغوانة
varano (m)	warl (m)	ورل
salamandra (f)	salamander (m)	سلمندر
camaleão (m)	ḥerbāya (f)	حرباية
escorpião (m)	'a'rab (m)	عقرب
tartaruga (f)	solḥefah (f)	سلحفاة
rã (f)	ḍeffḍa' (m)	ضفدع
sapo (m)	ḍeffḍa' el ṭeyn (m)	ضفدع الطين
crocodilo (m)	temsāḥ (m)	تمساح

93. Insetos

inseto (m)	ḥaʃara (f)	حشرة
borboleta (f)	farāʃa (f)	فراشة
formiga (f)	namla (f)	نملة
mosca (f)	debbāna (f)	دبّانة
mosquito (m)	namūsa (f)	ناموسة
escaravelho (m)	χonfesa (f)	خنفسة
vespa (f)	dabbūr (m)	دبّور
abelha (f)	naḥla (f)	نحلة
mamangava (f)	naḥla ṭannāna (f)	نحلة طنّانة
moscardo (m)	na'ra (f)	نعرة
aranha (f)	'ankabūt (m)	عنكبوت
teia (f) de aranha	nasīg 'ankabūt (m)	نسيج عنكبوت
libélula (f)	ya'sūb (m)	يعسوب
gafanhoto-do-campo (m)	garād (m)	جراد
traça (f)	'etta (f)	عثّة
barata (f)	ṣarṣūr (m)	صرصور
carraça (f)	qarāda (f)	قرادة
pulga (f)	barɣūt (m)	برغوث
borrachudo (m)	ba'ūḍa (f)	بعوضة
gafanhoto (m)	garād (m)	جراد
caracol (m)	ḥalazōn (m)	حلزون
grilo (m)	ṣarṣūr el ḥaql (m)	صرصور الحقل
pirilampo (m)	yarā'a (f)	يراعة
joaninha (f)	χonfesa mena''ta (f)	خنفسة منقّطة
besouro (m)	χonfesa motlefa lel nabāt (f)	خنفسة متلفة للنبات
sanguessuga (f)	'alaqa (f)	علقة
lagarta (f)	yasrū' (m)	يسروع
minhoca (f)	dūda (f)	دودة
larva (f)	yaraqa (f)	يرقة

FLORA

94. Árvores

árvore (f)	ʃagara (f)	شجرة
decídua	nafḍiya	نفضيّة
conífera	ṣonoberiya	صنوبرية
perene	dā'emet el χoḍra	دائمة الخضرة
macieira (f)	ʃagaret toffāḥ (f)	شجرة تفّاح
pereira (f)	ʃagaret komettra (f)	شجرة كمثّرى
cerejeira, ginjeira (f)	ʃagaret karaz (f)	شجرة كرز
ameixeira (f)	ʃagaret bar'ū' (f)	شجرة برقوق
bétula (f)	batola (f)	بتولا
carvalho (m)	ballūṭ (f)	بلّوط
tília (f)	zayzafūn (f)	زيزفون
choupo-tremedor (m)	ḥūr rāgef	حور راجف
bordo (m)	qayqab (f)	قيقب
espruce-europeu (m)	rateng (f)	راتينج
pinheiro (m)	ṣonober (f)	صنوبر
alerce, lariço (m)	arziya (f)	أرزية
abeto (m)	tanūb (f)	تنوب
cedro (m)	el orz (f)	الأرز
choupo, álamo (m)	ḥūr (f)	حور
tramazeira (f)	ɣobayrā' (f)	غبيراء
salgueiro (m)	ṣefsāf (f)	صفصاف
amieiro (m)	gār el mā' (m)	جار الماء
faia (f)	el zān (f)	الزان
ulmeiro (m)	derdar (f)	دردار
freixo (m)	marān (f)	مران
castanheiro (m)	kastanā' (f)	كستناء
magnólia (f)	maɣnolia (f)	ماغنوليا
palmeira (f)	naχla (f)	نخلة
cipreste (m)	el soro (f)	السرو
mangue (m)	mangrūf (f)	مانجروف
embondeiro, baobá (m)	baobab (f)	باوباب
eucalipto (m)	eukalyptus (f)	أوكالبتوس
sequoia (f)	sequoia (f)	سيكويا

95. Arbustos

arbusto (m)	ʃogeyra (f)	شجيرة
arbusto (m), moita (f)	ʃogayrāt (pl)	شجيرات

videira (f)	karma (f)	كرمة
vinhedo (m)	karam (m)	كرم
framboeseira (f)	zarʿet tūt el ʿalīʾ el aḥmar (f)	زرعة توت العليق الأحمر
groselheira-vermelha (f)	keʃmeʃ aḥmar (m)	كشمش أحمر
groselheira (f) espinhosa	ʿenab el saʿlab (m)	عنب الثعلب
acácia (f)	aqaqia (f)	أقاقيا
bérberis (f)	berbarīs (m)	برباريس
jasmim (m)	yasmīn (m)	ياسمين
junípero (m)	ʿarʿar (m)	عرعر
roseira (f)	ʃogeyret ward (f)	شجيرة ورد
roseira (f) brava	ward el seyāg (pl)	ورد السياج

96. Frutos. Bagas

fruta (f)	tamra (f)	تمرة
frutas (f pl)	tamr (m)	تمر
maçã (f)	toffāḥa (f)	تفّاحة
pera (f)	komettra (f)	كمّثرى
ameixa (f)	barʾūʾ (m)	برقوق
morango (m)	farawla (f)	فراولة
ginja, cereja (f)	karaz (m)	كرز
uva (f)	ʿenab (m)	عنب
framboesa (f)	tūt el ʿalīʾ el aḥmar (m)	توت العليق الأحمر
groselha (f) preta	keʃmeʃ aswad (m)	كشمش أسود
groselha (f) vermelha	keʃmeʃ aḥmar (m)	كشمش أحمر
groselha (f) espinhosa	ʿenab el saʿlab (m)	عنب الثعلب
oxicoco (m)	ʿenabiya ḥāda el χebāʾ (m)	عنبية حادة الخباء
laranja (f)	bortoqāl (m)	برتقال
tangerina (f)	yosfy (m)	يوسفي
ananás (m)	ananās (m)	أناناس
banana (f)	moze (m)	موز
tâmara (f)	tamr (m)	تمر
limão (m)	lymūn (m)	ليمون
damasco (m)	meʃmeʃ (f)	مشمش
pêssego (m)	χawχa (f)	خوخة
kiwi (m)	kiwi (m)	كيوي
toranja (f)	grabe frūt (m)	جريب فروت
baga (f)	tūt (m)	توت
bagas (f pl)	tūt (pl)	توت
arando (m) vermelho	ʿenab el sore (m)	عنب الثور
morango-silvestre (m)	farawla barriya (f)	فراولة بريّة
mirtilo (m)	ʿenab al aḥrāg (m)	عنب الأحراج

97. Flores. Plantas

flor (f)	zahra (f)	زهرة
ramo (m) de flores	bokeyh (f)	بوكيه
rosa (f)	warda (f)	وردة
tulipa (f)	tolīb (f)	توليب
cravo (m)	'oronfol (m)	قرنفل
gladíolo (m)	el dalbūs (f)	الدَلَبُوث
centáurea (f)	qanṭeryūn 'anbary (m)	قنطريون عنبري
campânula (f)	garīs mostadīr el awrā' (m)	جريس مستدير الأوراق
dente-de-leão (m)	handabā' (f)	هندباء
camomila (f)	kamomile (f)	كاموميل
aloé (m)	el alowa (m)	الألوّة
cato (m)	ṣabbār (m)	صبّار
fícus (m)	faykas (m)	فيّكس
lírio (m)	zanbaq (f)	زنبق
gerânio (m)	ɣarnūqy (f)	غرنوقي
jacinto (m)	el lavender (f)	اللافندر
mimosa (f)	mimoza (f)	ميموزا
narciso (m)	nerges (f)	نرجس
capuchinha (f)	abo χangar (f)	أبو خنجر
orquídea (f)	orkid (f)	أوركيد
peónia (f)	fawnia (f)	فاوانيا
violeta (f)	el banafseg (f)	البنفسج
amor-perfeito (m)	bansy (f)	بانسي
não-me-esqueças (m)	'āzān el fa'r (pl)	آذان الفأر
margarida (f)	aqwaḥān (f)	أقحوان
papoula (f)	el χoʃχāʃ (f)	الخشخاش
cânhamo (m)	qanb (m)	قنب
hortelã (f)	ne'nā' (m)	نعناع
lírio-do-vale (m)	zanbaq el wādy (f)	زنبق الوادي
campânula-branca (f)	zahrat el laban (f)	زهرة اللبن
urtiga (f)	'arrāṣ (m)	قرّاص
azeda (f)	ḥammāḍ bostāny (m)	حمّاض بستاني
nenúfar (m)	niloferiya (f)	نيلوفرية
feto (m), samambaia (f)	sarχas (m)	سرخس
líquen (m)	aʃna (f)	أشنة
estufa (f)	ṣoba (f)	صوبة
relvado (m)	'oʃb aχḍar (m)	عشب أخضر
canteiro (m) de flores	geneynet zohūr (f)	جنينة زهور
planta (f)	nabāt (m)	نبات
erva (f)	'oʃb (m)	عشب
folha (f) de erva	'oʃba (f)	عشبة

folha (f)	wara'a (f)	ورقة
pétala (f)	wara'et el zahra (f)	ورقة الزهرة
talo (m)	sāq (f)	ساق
tubérculo (m)	darna (f)	درنة
broto, rebento (m)	nabta saɣīra (f)	نبتة صغيرة
espinho (m)	ʃawka (f)	شوكة
florescer (vi)	fattaḥet	فتّحت
murchar (vi)	debel	ذبل
cheiro (m)	rīḥa (f)	ريحة
cortar (flores)	'aṭa'	قطع
colher (uma flor)	'aṭaf	قطف

98. Cereais, grãos

grão (m)	ḥobūb (pl)	حبوب
cereais (plantas)	maḥaṣīl el ḥubūb (pl)	محاصيل الحبوب
espiga (f)	sonbola (f)	سنبلة
trigo (m)	'amḥ (m)	قمح
centeio (m)	ʃelm mazrū' (m)	شيلم مزروع
aveia (f)	ʃofān (m)	شوفان
milho-miúdo (m)	el deχn (m)	الدخن
cevada (f)	ʃe'īr (m)	شعير
milho (m)	dora (f)	ذرة
arroz (m)	rozz (m)	رز
trigo-sarraceno (m)	ḥanṭa soda' (f)	حنطة سوداء
ervilha (f)	besella (f)	بسلّة
feijão (m)	faṣolya (f)	فاصوليا
soja (f)	fūl el ṣoya (m)	فول الصويا
lentilha (f)	'ads (m)	عدس
fava (f)	fūl (m)	فول

PAÍSES DO MUNDO

99. Países. Parte 1

Afeganistão (m)	afɣanistan (f)	أفغانستان
África do Sul (f)	afreqia el ganūbiya (f)	أفريقيا الجنوبيّة
Albânia (f)	albānia (f)	ألبانيا
Alemanha (f)	almānya (f)	ألمانيا
Arábia (f) Saudita	el soʿodiya (f)	السعوديّة
Argentina (f)	arʒantīn (f)	الأرجنتين
Arménia (f)	armīnia (f)	أرمينيا
Austrália (f)	ostorālya (f)	أستراليا
Áustria (f)	el nemsa (f)	النمسا
Azerbaijão (m)	azrabiʒān (m)	أذربيجان
Bahamas (f pl)	gozor el bahāmas (pl)	جزر البهاماس
Bangladesh (m)	bangladeʃ (f)	بنجلاديش
Bélgica (f)	balʒīka (f)	بلجيكا
Bielorrússia (f)	belarūsia (f)	بيلاروسيا
Bolívia (f)	bolivia (f)	بوليفيا
Bósnia e Herzegovina (f)	el bosna wel harsek (f)	البوسنة والهرسك
Brasil (m)	el barazīl (f)	البرازيل
Bulgária (f)	bolɣāria (f)	بلغاريا
Camboja (f)	kambodya (f)	كمبوديا
Canadá (m)	kanada (f)	كندا
Cazaquistão (m)	kazaχistān (f)	كازاخستّان
Chile (m)	tʃīly (f)	تشيلي
China (f)	el ṣīn (f)	الصين
Chipre (m)	ʾobroṣ (f)	قبرص
Colômbia (f)	kolombia (f)	كولومبيا
Coreia do Norte (f)	korea el ʃamāliya (f)	كوريا الشماليّة
Coreia do Sul (f)	korea el ganūbiya (f)	كوريا الجنوبيّة
Croácia (f)	kroātya (f)	كرواتيا
Cuba (f)	kūba (f)	كوبا
Dinamarca (f)	el denmark (f)	الدنمارك
Egito (m)	maṣr (f)	مصر
Emirados Árabes Unidos	el emārāt el ʿarabiya el mottaḥeda (pl)	الإمارات العربية المتَحدة
Equador (m)	el equador (f)	الإكوادور
Escócia (f)	oskotlanda (f)	اسكتّلندا
Eslováquia (f)	slovākia (f)	سلوفاكيا
Eslovénia (f)	slovenia (f)	سلوفينيا
Espanha (f)	asbānya (f)	إسبانيا
Estados Unidos da América	el welayāt el mottaḥda el amrīkiya (pl)	الولايات المتّحدة الأمريكيّة
Estónia (f)	estūnia (f)	إستونيا

Finlândia (f)	finlanda (f)	فنلّندا
França (f)	faransa (f)	فرنسا

100. Países. Parte 2

Gana (f)	ɣana (f)	غانا
Geórgia (f)	ʒorʒia (f)	جورجيا
Grã-Bretanha (f)	briṭaniya el ʿozma (f)	بريطانيا العظمى
Grécia (f)	el yunān (f)	اليونان
Haiti (m)	haīti (f)	هايتي
Hungria (f)	el magar (f)	المجر
Índia (f)	el hend (f)	الهند
Indonésia (f)	indonisya (f)	إندونيسيا
Inglaterra (f)	engeltera (f)	إنجلّترا
Irão (m)	iran (f)	إيران
Iraque (m)	el ʿerāq (m)	العراق
Irlanda (f)	irelanda (f)	أيرلندا
Islândia (f)	ʾāyslanda (f)	آيسلندا
Israel (m)	israʾīl (f)	إسرائيل
Itália (f)	eṭālia (f)	إيطاليا
Jamaica (f)	ʒamayka (f)	جامايكا
Japão (m)	el yabān (f)	اليابان
Jordânia (f)	el ordon (m)	الأردن
Kuwait (m)	el kuweyt (f)	الكويت
Laos (m)	laos (f)	لاوس
Letónia (f)	latvia (f)	لاتفيا
Líbano (m)	lebnān (f)	لبنان
Líbia (f)	libya (f)	ليبيا
Liechtenstein (m)	liʃtenʃtayn (m)	ليشتنشتاين
Lituânia (f)	litwānia (f)	ليتوانيا
Luxemburgo (m)	luksemburg (f)	لوكسمبورج
Macedónia (f)	maqdūnia (f)	مقدونيا
Madagáscar (m)	madaɣaʃkar (f)	مدغشقر
Malásia (f)	malīzya (f)	ماليزيا
Malta (f)	malṭa (f)	مالطا
Marrocos	el maɣreb (m)	المغرب
México (m)	el maksīk (f)	المكسيك
Myanmar (m), Birmânia (f)	myanmar (f)	ميانمار
Moldávia (f)	moldāvia (f)	مولدافيا
Mónaco (m)	monako (f)	موناكو
Mongólia (f)	manɣūlia (f)	منغوليا
Montenegro (m)	el gabal el aswad (m)	الجبل الأسوّد
Namíbia (f)	namibia (f)	ناميبيا
Nepal (m)	nebāl (f)	نيبال
Noruega (f)	el nerwīg (f)	النرويج
Nova Zelândia (f)	nyu zelanda (f)	نيوزيلنّدا

101. Países. Parte 3

Países (m pl) Baixos	holanda (f)	هولندا
Palestina (f)	felesṭīn (f)	فلسطين
Panamá (m)	banama (f)	بنما
Paquistão (m)	bakistān (f)	باكستان
Paraguai (m)	baraguay (f)	باراجواي
Peru (m)	beru (f)	بيرو
Polinésia Francesa (f)	bolenezia el faransiya (f)	بولينزيا الفرنسيّة
Polónia (f)	bolanda (f)	بولّندا
Portugal (m)	el bortoɣāl (f)	البرتغال
Quénia (f)	kenya (f)	كينيا
Quirguistão (m)	qirɣizestān (f)	قيرغيزستان
República (f) Checa	gomhoriya el tʃīk (f)	جمهورية التشيك
República (f) Dominicana	gomhoriya el dominikan (f)	جمهوريّة الدومينيكان
Roménia (f)	romānia (f)	رومانيا
Rússia (f)	rūsya (f)	روسيا
Senegal (m)	el senɣāl (f)	السنغال
Sérvia (f)	ṣerbia (f)	صربيا
Síria (f)	soria (f)	سوريا
Suécia (f)	el sweyd (f)	السويد
Suíça (f)	swesra (f)	سويسرا
Suriname (m)	surinam (f)	سورينام
Tailândia (f)	tayland (f)	تايلاند
Taiwan (m)	taywān (f)	تايوان
Tajiquistão (m)	ṭaʒīkistan (f)	طاجيكستان
Tanzânia (f)	tanznia (f)	تنزانيا
Tasmânia (f)	tasmania (f)	تاسمانيا
Tunísia (f)	tunis (f)	تونس
Turquemenistão (m)	turkmānistān (f)	تركمانستان
Turquia (f)	turkia (f)	تركيا
Ucrânia (f)	okrānia (f)	أوكرانيا
Uruguai (m)	uruguay (f)	أوروجواي
Uzbequistão (f)	uzbakistān (f)	أوزبكستان
Vaticano (m)	el vatikān (m)	الفاتيكان
Venezuela (f)	venzweyla (f)	فنزويلا
Vietname (m)	vietnām (f)	فيتنام
Zanzibar (m)	zanʒibār (f)	زنجبار

www.ingramcontent.com/pod-product-compliance
Lightning Source LLC
Chambersburg PA
CBHW070831050426
42452CB00011B/2236